オールドローズにあふれた庭は
年に1度訪れる
神様からの贈り物のよう。
地上の楽園を今年も
じっくり眺めたい。

はじめに

　バラクラ イングリッシュ ガーデンがいちばん華やぐのは何といっても、バラの季節です。創園して24年、オールドローズも見事に大きく成長しました。
　バラといっても非常に多くの種類があります。その中でも何千年と生き延びてきたオールドローズには、力強い生命力や独特の可憐さ、かぐわしい香りなど、たくさんの魅力があって、見飽きるということがありません。進化の歴史は複雑ですが、それも知れば知るほど興味がわいてきます。
　育てる場合、適切に手入れをすれば期待を裏切らずに、必ず素敵に咲いてくれます。庭づくりのテクニックを参考にぜひ、皆さんも育ててみてください。
　この本は、バラクラならではのオールドローズの魅力を伝えるとともに、育て方の参考となるようにとの願いを込めてつくりました。

ケイ山田
Kay Yamada

CONTENTS

はじめに ……… 4

PART 1 オールドローズの庭　5つの代表シーン ……… 8

1　窓辺 ……… 8
2　ローズトンネル ……… 10
3　パーゴラ（花棚） ……… 12
4　ガゼボ（東屋） ……… 14
5　レンガ壁 ……… 16

PART 2 可憐なバラを生かした庭づくりのテクニック17 ……… 18

TECHNIQUE 1　パーゴラ ……… 18
TECHNIQUE 2　窓辺 ……… 22
TECHNIQUE 3　レンガ壁 ……… 24
TECHNIQUE 4　背の高い板塀 ……… 26
TECHNIQUE 5　背の低いレンガ壁 ……… 28
TECHNIQUE 6　石壁 ……… 30
TECHNIQUE 7　玄関 ……… 32
TECHNIQUE 8　ローズトンネル ……… 34
TECHNIQUE 9　ローズトンネル［ミニトンネル］ ……… 38
TECHNIQUE 10　アーチのエントランスⅠ ……… 40
TECHNIQUE 11　アーチのエントランスⅡ ……… 42
TECHNIQUE 12　アーチⅠ ……… 44
TECHNIQUE 13　アーチⅡ ……… 45
TECHNIQUE 14　ガゼボ ……… 46
TECHNIQUE 15　屋根の上にのぼる鉢植えのバラ ……… 50
TECHNIQUE 16　鉢植えのバラ ……… 52
TECHNIQUE 17　木にからませるバラ ……… 53

PART 3 オールドローズに魅せられて ……… 54

PART 4 バラクラ イングリッシュ ガーデンの「バラ図鑑」……… 60

①つるバラ系（クライマー、ランブラー＆スクランブラー）……… 61
②クラシック・シュラブ・ローズ ……… 67
③原種系シュラブ・ローズ ……… 73
④グランドカバー・ローズ ……… 75
⑤フロリバンダ・ローズ ……… 75

バラMAP ……… 76
庭MAP ……… 78

育てたい場所にイメージ通りのバラを咲かせたい！
オールドローズの用途と花色分類表 ……… 80

PART 5 バラの季節に似合うコンパニオンプランツ ……… 82

PART 6 バラクラ イングリッシュ ガーデン　四季の豊かな表情 ……… 88

PART 7 バラクラ イングリッシュ ガーデン物語 ……… 92

PART 8 オールドローズについて、すべてお答えしましょう。……… 100

あとがき ……… 112

BARAKURA English Garden

PART 1

オールドローズの庭
5つの代表シーン

本格的なイングリッシュガーデン、蓼科のバラクラに咲くオールドローズ。自然や建物と一体になった風景は現代バラでは得られない魅力をもっています。

PART1 5つの代表シーン

1
窓辺

満開となった小輪のピンクのバラが
窓辺を美しく彩って。
かぐわしい香りも格別。

ブラッシュ・ランブラー
BLUSH RAMBLER
6月下旬頃 （P22参照）

2
ローズトンネル

あふれんばかりの可憐なつるバラ。
トンネルの中は母の腕に包み込まれるような
優しい香りに満ちて。

ポールズ・ヒマラヤン・ムスク
PAUL'S HIMALAYAN MUSK
6月下旬頃 (P34参照)

PART1 5つの代表シーン

3
パーゴラ（花棚）

バラが奥まで幾重にも続く小径。
周りの植物も生き生きと輝き、
自然の織りなす美しさに感動。

ドロシー・パーキンス
DOROTHY PERKINS
7月中旬頃　(P18参照)

4
ガゼボ（東屋）

バラの花がふんわりと
覆いつくしたガゼボの屋根。
優しいピンク色の花に心を癒されます。

ポールズ・ヒマラヤン・ムスク
PAUL'S HIMALAYAN MUSK
6月下旬頃 （P46参照）

5
レンガ壁

年月を経て、味わいの出てきた壁。その壁を越えてあふれんばかりに咲くバラ、アルバーティン。勢いに圧倒される風景です。

BARAKURA English Garden PART2

可憐なバラを生かした庭づくりのテクニック

17

バラを素敵に咲かせるためには、庭のイメージをつくり、
それに合わせた剪定や誘引などのテクニックが必要です。
バラクラの17種類の仕立て方をご紹介しましょう。

PART2 庭づくりのテクニック

TECHNIQUE 1
パーゴラ

房咲きのつるバラの特性を十分に生かして

　パーゴラ（花棚）は設計の当初からありました。円柱と上に渡した角材はイギリスから取り寄せてつくったものです。「10年経ったら100年経ったようないい味わいが出ますよ」と、設計を担当したジョン・ブルックスさんがおっしゃったのですが、実際、そのとおりになりました。

　柱はエンタシス（ギリシア・ローマ時代の建築の様式）のイメージがあります。時とともに苔が生えたり、欠けが生じたりしますが、それは自然な変化で味わいにつながるのです。

パーゴラのバラ、ドロシー・パーキンス（P62参照）が見事に咲いて。円柱の足元のボーダー・ガーデンの花も最盛期。

Pergola

誘引は螺旋状に一方向にのぼらせて

早春の庭は設計の骨格やバラの誘引の様子がよくわかり、園芸愛好家には必見の価値がある。［左］パーゴラ円柱部分の誘引の様子。ポイントは枝を常に同じ方向に這わせながら、螺旋状にのぼらせること。剪定をする著者。帽子、ガーデニング用のポシェット、ハサミケースはオリジナルのデザイン。［上］柱や角材は年月を経るに従い汚れ（風雨にさらされて自然にできるもの）が出たり、苔むしたりする。特に角材は木材のため耐久年数に限りがあるので、ここの角材も1度取り替えている。春先はパーゴラの足元にチューリップやヒヤシンスなどを植えて、春の風景を楽しめるように演出。［右］円柱に金網を回して誘引しやすいようにした裏技。ところどころ麻ひもで留めて。

Pergola

TECHNIQUE 2
窓辺

ベージュピンクの壁によく映える
ピンクのバラ、ブラッシュ・ランブラー

Window

　窓辺のバラは外から見たときにどのように見せたいか、見えるかがポイントになります。また、壁の色とバラの色との調和も大切。
　この家を建てるとき、壁の色を蓼科の石の色にしました。この地の環境に合った色だからです。ピンクがかったベージュにはピンクがよく合うので、ピンクのバラを選びました。

PART2 庭づくりのテクニック

伸びやかに誘引した、房咲きのバラ

[左] 家壁のアジサイのそばに植えた1本のブラッシュ・ランブラー（P62参照）。大変生育がよく、左右縦横に伸びている。ガーデンテーブルと椅子が建物近くに置かれているのは、お茶などを家から運びやすいようにと考えて。[上] 窓枠に沿って誘引する。[中] 初めは鉢植えを入れていた木製のフラワーボックスも、今では成長したバラのために使われている。[下左] 釘を打って誘引しやすいように。[下右] 下から見上げたカット。房咲きのバラが立体的に咲いているのが美しい。

TECHNIQUE 3
レンガ壁

時を経て味わいの出たレンガ壁には風情のあるオールドローズを

　レンガ壁は古くなると苔が生えたり石灰質が浮き出て、いい味わいになります。特に冬は太陽の光を受け、風をさえぎるので暖かく、植物にも育ちやすい環境をつくってくれます。バラはオールドローズの女王といわれているアルバーティン（P61参照）。花首が垂れて咲き、しおれたように見えるのですが、そこがまた風情があって素敵です。

PART2 庭づくりのテクニック

強健で生育のよい、美しいバラを植えて

［左］プライベート・ガーデンのレンガ壁に植えたバラが左右に枝を張り、特に太陽の方向に勢いよく伸び、家の壁まで這っている。［上］レンガ壁に1本植えたバラがこのように枝を張って。［下］満開のアルバーティン。花つきがよく少し垂れて咲く。

Brick Wall

25

TECHNIQUE 4
背の高い板塀

**しなやかな曲線を描くように
誘引して咲かせたバラ**

　イギリス製の板塀。もう20年以上経っていますが、風情よく植物と調和しています。イギリスでは個人宅や公共の場でよく使われている木材で、もとは生木の色ですが、風雨に耐えた色になり苔むしてきました。そこに咲かせたのはエクセルサ（P63参照）。

PART2 庭づくりのテクニック

バラの枝を傷めない麻ひもを使って

［左ページ］板塀のナチュラル感がオールドローズの美しさを引き立てて。［上］板塀に針金を渡して、バラの枝を固定する。その際、バラの枝を傷めない麻ひもを使用。［下］弧を描く枝に花が咲くとぽってりとした雰囲気が生まれる。幹の足元は塀沿いにボーダー・ガーデンをつくって季節の花を植える。

High Wood Fence

27

TECHNIQUE 5
背の低いレンガ壁

レンガ壁に沿って
垂れ下がるように誘引したバラ

　段差のあるところに階段をつくり、土留めにレンガを積んでいます。高いほうの地面にバラを植え、低いほうの地面に向けて誘引で垂れ下がるようにしました。バラはロサ・ムリガーニアイ（P74参照）を植えて半ば無理に誘引しましたが、生来垂れ下がる性質をもっているプロカムベント種のバラを植えたほうが、バラにストレスを与えないですみます。

PART2 庭づくりのテクニック

Low Brick Wall

バラが重なり合って咲くように誘引

[左] まっすぐ下に、あるいは右に流れるように枝を誘引して咲き方に変化をもたらすようにしている。貫禄のあるレンガ壁は年月がもたらしたもの。[上] 一重のオールドローズが重なり合うように咲いた姿が見事。誘引が功を奏し、程よくボリュームが出て。[右] 特にコーナーは枝が自由に外に拡がっていかないように、誘引でしっかり固定する。

29

TECHNIQUE 6
石壁

勢いのいい品種を植えて、
壁の上を覆うように咲かせて

　カフェ・テラスの下が噴水のある池になっています。地元産の鉄平石を使い、パッチワークのように石組みしてあります。その石壁を覆うようにつるバラ（ランブリング・レクター　P66参照）が垂れ下がっています。バラの季節と冬（右ページ上）のふたつの表情の何と違うこと！　このバラはシェイクスピアの物語にも登場する大変古い品種です。

PART2 庭づくりのテクニック

誘引は水面に映る景色を計算して

［左ページ］コイが泳いでいる池。水辺にふさわしい植物が周囲には植えられている。石壁の上につるバラを這わせ、バラが咲くと景色が一変する。水面に映るバラの景色を計算した誘引が見事。［上・下左］5月上旬頃。池のそばに植えたバラが成長し、石壁の上に枝がたくさん伸びている。［下右］石と石の間に木片を入れ、そこにビスを留めて枝を麻ひもで固定。

31

TECHNIQUE 7
玄関

北向きにも強いバラで
玄関を華やかに

　玄関は北向きにあるので、北側でもよく育つ強い品種のバラを選びました。ひさしがあって、雨には打たれないので、いつもきれいに咲き続けてお客様を迎えています。

　バラはコンスタンス・スプライ（P68参照）。一季咲きのイングリッシュローズで、咲くと大輪で香りもいいバラです。

PART2 庭づくりのテクニック

両手を拡げたような誘引を

[左ページ] 玄関脇の壁に植えたバラ。よく育つので剪定と誘引をしっかりすれば、大きく見事な風景をつくる。両手を拡げたようにバランスよく誘引して。[上] 見事に咲いたコンスタンス・スプライ。バラの季節にはお客様を美しい姿で出迎える。[下] 大輪で存在感のある形。

TECHNIQUE 8
ローズトンネル

**バラのトンネルで
日陰のできた小径**

　庭に日陰が欲しかったのでトンネルをつくりました。アーチをいくつか連続で置いてつくるのですが、花のトンネルはとても優雅です。
　トンネルには2種類のバラを植えるより、1色のバラで揃えたほうが断然華やかになります。左のトンネルの向こうに女神像がフォーカルポイントとして見えています。

可憐なバラがトンネルとアーチを彩って
［右］左側はトンネル、右側はアーチ。両方とも同じバラで揃えて統一感をもたせている。左のトンネルの先は白い花だけでまとめたレース・ガーデン、右のアーチをくぐるとハーブ・ガーデンに。［上］小輪の花が房になって咲くポールズ・ヒマラヤン・ムスク（P65参照）。

PART2 庭づくりのテクニック

Rose Tunnel

Rose Tunnel

強剪定は新芽が出るように、大胆に

［左ページ］トンネルのバラは片側だけに植えて、枝をのぼらせる。バラとバラの間隔も十分とって。［上］強剪定した枝。花芽をつける枝がここ（若葉がついているところ）から伸びてくる。［左］トンネルやアーチの色は黒がおすすめ。というのは黒なら冬の景色の中で邪魔にならず、風景に溶け込んで、植物と共存するから。向こうに見える木の枝は繊細なシャンティイ・レースのよう。

38

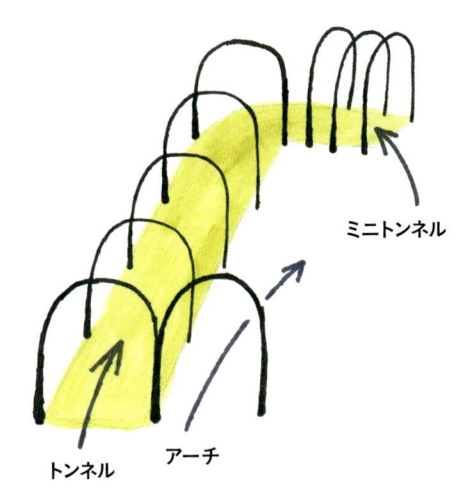

PART2 庭づくりのテクニック

バラの季節と冬の情景

[左ページ］バラが咲いたときは本当にロマンティックなコーナー。ここで記念撮影するバラクラ来訪者を多く見かける。ミニトンネルを抜けると季節ごとに花をつける植物が足元を彩り、ハーブ・ガーデンへとつながっている。［左］春先のミニトンネル。アーチを増やしてミニトンネルになったということもよくわかる。［下］ハーブ・ガーデン側から見たアーチ。

TECHNIQUE 9
ローズトンネル［ミニトンネル］

Rose Tunnel

バラの成長に合わせて、ミニトンネルができました

　ローズトンネルをくぐって進むと、その先のちょっと右に折れる方向にミニトンネルがあります。バラの花で覆われているときは一体化して見えるのですが、実は右方向に位置しています。バラの成長が大変よいので、後からアーチを1本増やし、さらにまた1本。そしてミニトンネルもつくることになりました。

バラの成長に合わせて
アーチを設置

［左］キフツゲートがからまるアーチ。冬でもアーチがあると門のたたずまいが印象的に。門の両脇には季節の花を植えたコンテナを置いて。［下］キフツゲートとフジ。門脇の上方ではつる同士がからまって。［右］春は若々しい葉、夏はバラの花と香り、秋はローズ・ヒップが楽しめるアーチ。門の色とのカラー・コーディネイトも素敵。

TECHNIQUE 10
アーチのエントランスⅠ

Arch

バラのために立てたアーチは
風格と香りの漂うエントランス

　ここはバラクラの通用門で、これもまたイギリスから取り寄せたものです。門にアーチがある風景もなかなか雰囲気があります。
　でも、初めからあったのではなく、実は門の左のほうに植えたバラ（キフツゲート P64参照）の成長がよくて、伸びてきたので枝をからませるためにアーチを立てたのです。

PART2 庭づくりのテクニック

TECHNIQUE 11
アーチのエントランスⅡ

バラの香りを感じながら
～ようこそバラクラへ

　バラクラのお客様を迎えるエントランスです。アーチは幅が6mあり、そのアーチの上をバラ（キフツゲート P64参照）が覆っています。比較的遅咲きで7月上旬から中旬頃、他のバラが終わった頃に咲きます。
バックに見える黄緑の葉っぱはゴールデンアカシア。オープン当初に植えたものですが、これも見事に成長しました。

PART2 庭づくりのテクニック

夏、秋、冬、それぞれの情景

［左ページ］しなだれ落ちるように咲くエントランスのバラ、キフツゲート。つるバラならではの風景。生育の大変よいキフツゲートが育つと、こんなにもボリュームたっぷりと見事に咲き誇る。［左］秋になると赤い実をつけ、鳥がついばみに来る様子もまた可愛い。［下］雪が積もると雪の白と空の青のコントラストが美しく映える。

TECHNIQUE 12
アーチⅠ

ブルーのベンチに合わせて
ブルー系のバラをアーチに

　ハーブ・ガーデンの一角にまず、ブルーのベンチを置きました。そしてベンチの青に合わせてブルー系のバラやブルーの植物を選んでいます。バラはヴェイルヒェンブラウという名前で、バイオレットに青を含んだ色です。ブルー・バイオレットの花が咲くキャットミントや春に咲くブルー・ビオラをあわせて植えています。

庭をインテリアに見立てて
カラー・コーディネートを

［上］このコーナーは比較的新しいので、バラがまだアーチの途中までしかのびていないが、著者の色へのこだわりが凝縮されている。

PART2 庭づくりのテクニック

Arch

TECHNIQUE 13
アーチⅡ

狭い空間でも
バラの花と葉を楽しめる

[左]ゲートの右手にバラが植えてあり、そのバラが枝を伸ばしてアーチ状に。また、この1本のバラが反対方向に伸びてP8〜9、P22〜23で見られるように家の窓辺も飾る。バラの力強い生命力に驚かされる。[右]バラが咲かない時期でも冬以外は葉でアーチが覆われ、サイドにはツタがからまっている。

プライベート・ガーデンの
入り口をアーチで飾って

　扉の硬質な鉄に対しては、つるバラやツタ植物で上に小さなアーチを作っておけば、くぐるたびに自然のもつほっとした雰囲気が感じられます。バラが咲いている時期は香りがふわっと漂ってきて気持ちがいいですし、葉をつけているときでも、初夏と秋ではまた印象が違います。こんなちょっとした場所でもよい雰囲気をつくり出すことができます。

45

TECHNIQUE 14
ガゼボ

休憩をとりながらガゼボの中で
バラを愛で、香りを楽しんで

　ガゼボとは東屋のこと。眺めのいい場所に置き、景観を楽しみます。ポールズ・ヒマラヤン・ムスク（P65参照）が咲くと屋根を埋め尽くし、遠目にはバラのパラソルのようです。花が咲く時期の朝がまた格別で、ムスク系の甘い香りが強く漂います。英国の園芸家、故ローズマリー・ヴェアリーさんが最も愛したバラです。

PART2 庭づくりのテクニック

Gazebo

疲れを癒し、しばしの休憩の場

［左上］つるバラが冬の眠りからやっと覚めた、春先のガゼボ。剪定が終わって、屋根の上に伸びたバラの枝に新芽がつき始めている。［左下］ポールズ・ヒマラヤン・ムスク。花の重みで房咲きの枝が垂れ、風情のある風景をつくる。［上］ガーデン内の脇道に少し背を向けて建つガゼボ。中にいると庭園内がよく見え、ちょっとひと息入れるのに最適の場所。植物に癒され、心安らぐひと時を過ごせる。トレリスはバラなどの誘引のためにつくられている。

47

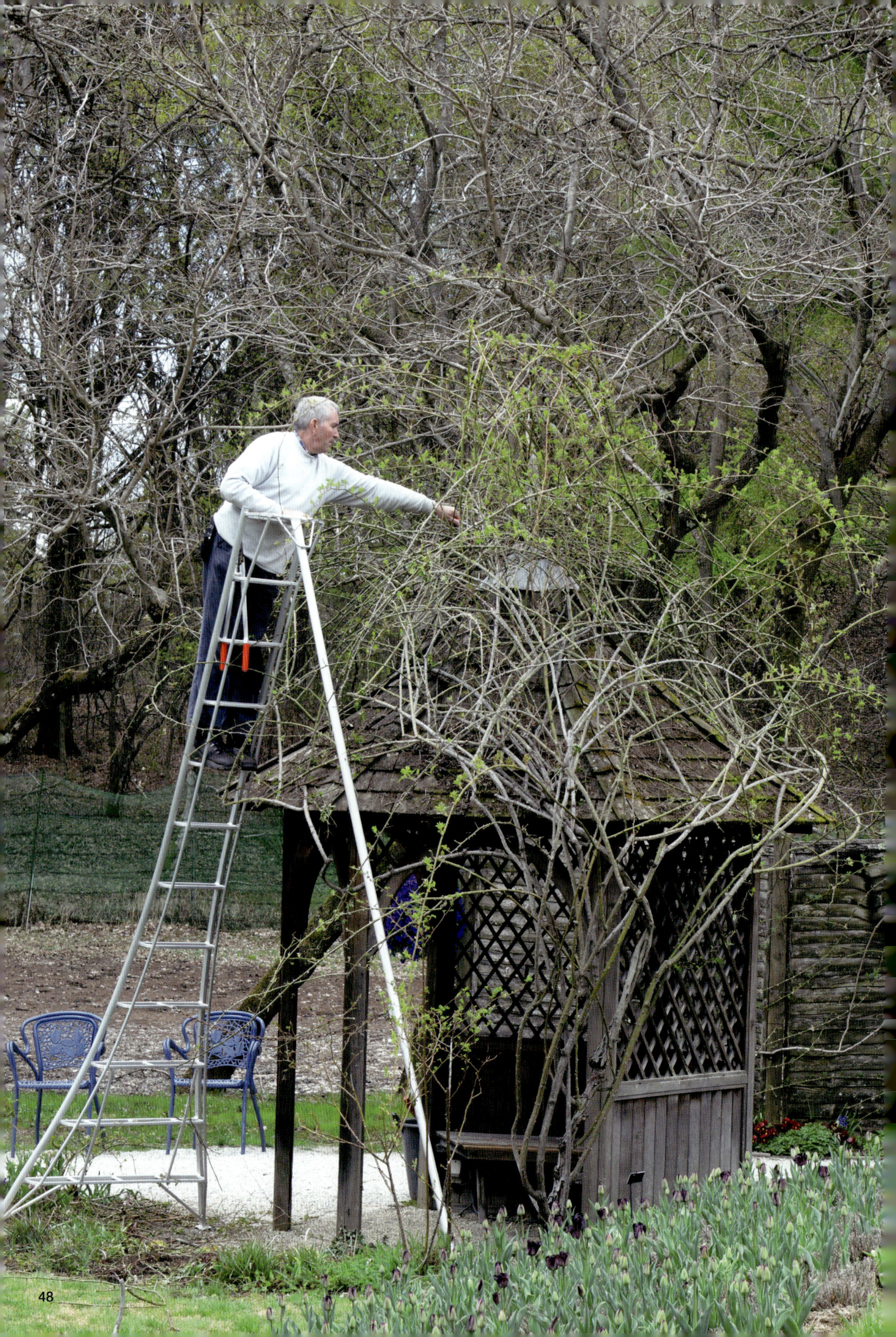

PART2 庭づくりのテクニック

Gazebo

屋根への誘引は
ガーデナーのセンスで決まる

［左］5月初旬頃のガーデン風景。剪定中のヘッド・ガーデナーのアンディ。屋根の上まである特別高い脚立を使っている。ガゼボの角に植えた1本のバラが成長して屋根全体を覆っていった過程がよくわかる。誘引がとても大切で、誘引次第でバラが咲いたときの風景が変わる。［上］パラソルのように丸くきれいな形にバラを咲かせて。［中］鉛板のネーミング・プレート。イギリス製。風雨にさらされても自然になじんでいる。［右］たった1本のバラが大きく成長。幹の元の部分は今やこんなに太い。

TECHNIQUE 15
屋根の上にのぼる鉢植えのバラ

ガラス屋根にバラで日陰をつくりたくて

　ここはバラクラのエントランスを入ってすぐ右手にあるカフェの屋根です。ガラスの屋根にバラで日陰をつくりたいと思ったのです。バラの季節にはカフェから花を愛でることもできると。ところが当初植えたバラは寒さにやられてしまい、結局エントランスに伸びているキフツゲート（P64参照）が、屋根の方向にも成長してくれました。

PART2 庭づくりのテクニック

Roof Covering Rose

鉢植えから
ぐんぐんと成長を遂げた驚くべきバラ

[左] クリーミーホワイトのキフツゲートが屋根の上でボリュームいっぱいに咲いた情景。[下] 左との写真を見比べるとよくわかるように、バラの枝がこのように屋根に向かって這っている。屋根の上での剪定は危険を伴うので慎重に行う。[右] 驚くことに最初はこの大鉢に植えたキフツゲートの根が、鉢の底を突き破り、その下のレンガの隙間に入り込んで根を張ってしまった。古くから生き延びてきたオールドローズならではの生命力のすごさ！

Pot Rose

TECHNIQUE 16
鉢植えのバラ

色を楽しむコンテナ

[左] 若葉が芽吹き始めたバラの根元には春の明るさや躍動感が伝わるチューリップやビオラを植え込んで楽しむ。バラは螺旋状にのぼらせていくと花が咲いたとき美しい。[右] シルキーホワイトの上品なバラはロング・ジョン・シルバー(P64参照)。寄せ植えの花はコントラストのある赤系を選んで。

印象的な鉢植えを
コンテナでつくります

　庭がなくても大きなコンテナにバラを植えて楽しむことができます。コンテナの中央にオベリスクをしっかりと立て、つるバラを一方向に誘引します。そして寄せ植えをして、季節の色彩を楽しみます。この場合の寄せ植えは、バラの白を引き立たせるため、赤系統の植物を使っています。

PART2 庭づくりのテクニック

TECHNIQUE 17
木にからませるバラ

2種類の花がもたらす 2度の楽しみ

　庭の中央にベニスモモの木があり、その銅葉（銅のように赤黒い葉）にバラをからませたいと思っていました。そこで葉色に合うピンクのバラを植えました。バラは直径3cmくらいの小輪で一重のエヴァンジェリン（P63参照）。春になるとベニスモモの花が咲き、その後バラが咲くので一年に2度、庭の中で楽しめます。

銅葉色にピンクのバラをからませて
［上］花びらは濃いめのピンクから中央に向かって白くなっていて、しべが黄色のエヴァンジェリン。葉は柔らかな緑。
［左］ベニスモモは元駐日英国大使のフライ夫妻が植樹した記念の木。バラの葉の柔らかな緑と銅葉色が一緒になって美しいカラー・ハーモニーを奏でている。

Tree Climbing Rose

BARAKURA English Garden PART 3

オールドローズに魅せられて

バラクラに咲くバラはほぼすべてがオールドローズ。
出会い、そしてその魅力についてお話ししましょう。

ローズトンネルの中にいる著者。バラはポールズ・ヒマラヤン・ムスク。バラクラの庭園内にはここ以外に、ガゼボにも同じバラが植えられている。

検疫で止められてしまった!

1990年に「蓼科高原 バラクラ イングリッシュ ガーデン」は創園されました。当時、日本ではイングリッシュガーデンと言ってもほとんど知られていませんでした。だから最初に庭をつくろうと家族で考え、実行に移すことになったとき、何から手をつけてよいかわからず、暗中模索でした。弟の山田裕人が率先して行動を始めました。

デザイナー探しから難航し、最後に出会ったのがジョン・ブルックス氏。別に面接していた植物の専門家(プランツマン)のデニス・ウッドランド氏とともに、初めて来日することになりました。彼らは庭の予定地を現地調査し、蓼科の地形、気候風土なども調べ、帰国後にデザイン画や植物名の入ったプランツ・プランを送ってきました。あまりに膨大な数の品種と量には頭を抱えてしまったほどです。

実はその品種のひとつに、バラ(オールドローズ)もあったのです。でも国内で簡単に手に入ると思っていました。ところが日本中のバラ専門

の園芸店（80軒くらい）に問い合わせても、どの品種のバラもありません。「代案でもいいのでは？」という意見もありましたが、本格的なイングリッシュガーデンをつくりたいと考えていた私たち家族は、指定された品種を植えれば素敵な庭の景観をつくることができると思い、イギリスから輸入することにしました。ほかの植物も同じような経緯を経て、輸入することにしたのです。

　英国の一流の苗種業者から買った植物は、船便のコンテナ1台で運ばれてきました。でも、日本の港に着いたらまた、難問が待っていました。検疫に引っかかってしまったのです。「日本に上陸させてはいけない虫！」がついていたからです。毎日毎日、いろいろなやりとりがあって、結局は日の目を見ることなく、すべての植物を英国に送り返すことになりました。特に弟の落胆は大きなものでした。その中にオールドローズも入っていたのです。

　すべての植物を植えるばかりに準備していた造園用の土地は、何も植えられないまま半年以上放置されることになりました。そこで考えに考え、冬の間に植物を輸入し、養生してから庭に移す、というやり方に変えることにしました。

　今度は、飛行機ではだか苗を運び、80種、200本ほどのバラ苗が無事届けられました。ガーデナーはイギリス人が主体で、彼らが200本のバラを庭の設計図に沿って植えました。その他の植物も手を尽くして探し求め、植えていきました。

咲かせてみて驚いたこと……

　1年後、バラが咲きました！　咲いたときには本当にうれしくて、弟とともに喜び合い、感激の連続でした。いろいろと困難なことがあり、紆余曲折の末やっと咲いたバラ。姿形の素敵さはもちろんのこと、中でも私たちがいちばん感激したのはオールドローズの〝香り〟だったのです。

　それまでは、バラ園でも花屋さんでも剣弁高芯咲きのバラしか見たことがなくて、フランドル派の絵画に描かれているバラや、古典の詩の中で詠まれている香りの表現は、画家や詩人の特別な感性がそういう表現をしたのだと思っていました。でも、絵の中に描かれているようなカップ咲きのバラが目の前で咲いているというのは驚きでしたし、詩に詠まれた香りの表現はまさにそのとおりだったわけです。

　それ以来、私はずっとオールドローズに魅了され続けてきました。現在も当時植えたバラが成長して元気に育っています。寒さや病気などでダメになってしまったバラもありますが、その後も植え足して咲かせています。

　バラに実がつくということも育ててみてわかったことです。オールドローズにはだいたい実がつきます。よくバラの花が咲いた後は、次の花に栄養がいくようにとすぐに剪定してしまいますが、これは現代バラの場合。オールドローズはローズ・ヒップが素晴らしいものは花後に剪定せず残しておきます。剪定は実がしぼんだ後の冬にやります。実を砕いてお茶にする楽しみもありますね。色はほとんど出ませんが、ほんのりと香り、ビタミンCも豊富です。

　葉っぱもいろいろな形、大きさ、色があります。現代バラの場合は葉の形と色はほぼ同じですが、オールドローズは山椒のように小さい葉、グレイがかった葉、光沢のある葉、濃い緑色の葉など変化に富んでいます。花の咲く期間は短いですが、葉の表情や実は庭で長く楽しめます。それもオールドローズの魅力なのです。

左ページのポールズ・ヒマラヤン・ムスクのアップ。咲き始めは花の中心がピンクだが、開いていくにつれだんだん淡くペールトーンになっていく。

葉の魅力 ——バラクラの庭に咲くバラの中から——

さまざまな大きさ、色、形の葉があるのもオールドローズならでは。
植栽するバラを決めるときは、花の色、形、香りのほか、葉にも留意して。

ボビー・ジェームス
Bobbie James

ロサ・ピンピネリフォリア
Rosa pimpinellifolia

ロズレー・ドゥ・ライ
Roseraie de l'Hay

アルケミスト
Alchymist

アルバーティン
Albertine

ヴェイルヒェンブラウ
Veilchenblau

ロサ・グラウカ
Rosa glauca

PART3 オールドローズに魅せられて

| ロサ・カリフォルニカ'プレナ'
Rosa californica 'Plena'

| キフツゲート
Kiftsgate

| メリー・クイーン・オブ・スコッツ
Mary Queen of Scots

| ドロシー・パーキンス
Dorothy Perkins

| ブラッシュ・ランブラー
Blush Rambler

| アルバ・マキシマ
Alba Maxima

| ロサ・モエジーアイ
Rosa moyesii

| ロサ・エグランテリア
Rosa eglanteria

57

実の魅力

――バラクラの庭に咲くバラの中から――

バラエティに富んだローズ・ヒップ。
朱赤、オレンジ、黒、大きい実、極小サイズ、ワインの瓶形も。

ロサ・ルゴサ
Rosa rugosa

ロサ・モエジーアイ
Rosa moyesii

ブラン・ドゥーブル・ドゥ・クベール
Blanc Double de Coubert

ロサ・エグランテリア
Rosa eglanteria

ロサ・ピンピネリフォリア
Rosa pimpinellifolia

ロサ・ダヴィディアイ
Rosa davidii

ロサ・ペンデュリーナ
Rosa pendulina

ロサ・グラウカ
Rosa glauca

ロズレー・ドゥ・ライ
Roseraie de l'Hay

メリー・クイーン・オブ・スコッツ
Mary Queen of Scots

PART3 オールドローズに魅せられて

サー・ポール・スミス
Sir Paul Smith

ロサ・ムリガーニアイ
Rosa mulliganii

ニュー・ドーン
New Dawn

フランシス・イー・レスター
Francis E.Lester

ロサ・マルチフローラ
Rosa multiflora

キフツゲート
Kiftsgate

エヴァンジェリン
Evangeline

グロース
Grouse

アメリカン・ピラー
American Pillar

ランブリング・レクター
Rambling Rector

59

BARAKURA English Garden PART 4 バラクラ イングリッシュ ガーデンの「バラ図鑑」

バラクラ イングリッシュ ガーデンに咲いているバラは、すべてイギリスのピーター・ビールス・ローゼズからの直輸入。バラの神様と呼ばれているピーター・ビールス氏のコレクションから選びました。

創園以来のものはもちろん、後年、蓼科という土地（標高1000m）の冬の寒さにも耐え、ガーデンの雰囲気に似合うと私が選んで育ててきた中から、主なバラを図鑑にまとめました。個々の説明は、ピーター・ビールス氏のカタログを翻訳したものをベースにしています。時にその表現はとても詩的で心をそそられ、どれも植えたくなってしまいます。

『クラシック・ローゼズ ザ・ピーター・ビールス コレクション』日本語版

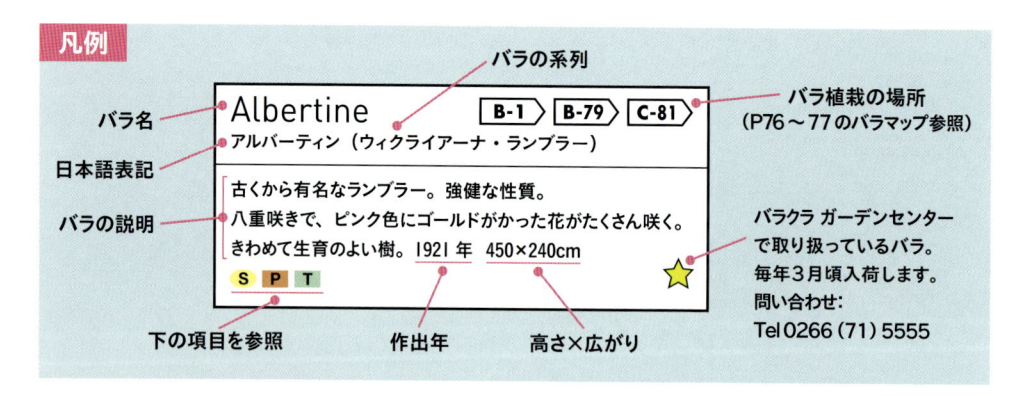

凡例

- バラ名：Albertine
- 日本語表記：アルバーティン（ウィクライアーナ・ランブラー）
- バラの系列
- バラ植栽の場所（P76～77のバラマップ参照）
- バラの説明：古くから有名なランブラー。強健な性質。八重咲きで、ピンク色にゴールドがかった花がたくさん咲く。きわめて生育のよい樹。
- 作出年：1921年
- 高さ×広がり：450×240cm
- S P T（下の項目を参照）

バラクラ ガーデンセンターで取り扱っているバラ。毎年3月頃入荷します。
問い合わせ：Tel 0266(71)5555

バラの説明に使われる記号

- **S** 夏咲き
- **R** 返り咲き
- **C** 連続咲き
- **G** グラウンドカバー
- **TB** 鉢植えによい
- **CG** 小さなつるバラとして育つ
- **W** 林の中でのまとめ植えに適する
- **P** やせた土壌でも育つ
- **H** 生垣によい
- **F** 実が装飾的に価値がある
- **N** 北向きの壁にもよい
- **+** 日陰でも耐える
- **T** 樹の勢いが活発で木の枝に這わせてもよい
- **SB** いくらか支えればシュラブとして育つ
- **A** 秋の葉がよい

*1 成育タイプ別に、バラの名をABC順に並べています。凡例のように、右上の記号はガーデンのどこに植栽されているかを示しています。バラの位置をMAP（P76~77）に表記していますので、バラクラを訪れた際にあわせてご活用ください。
*2 バラクラにはここに掲載されているほかにもバラがありますが、一部、開花時期や気候の変動により載せていないものもあります。
*3 この「バラ図鑑」は『Classic Roses The Peter Beales Collection』日本語版を元に、一部修正・加筆して編集しています。
*4 バラの名前の日本語表記は、作出された国の言語に近い形をとっています。

① つるバラ系（クライマー、ランブラー＆スクランブラー）

クライマー・ローズ（直立して伸びる）とランブラー・ローズ（枝が細く柳のようにしなって伸びる）は、同じ目的で使えます。特にクライマーは壁やパーゴラに、ランブラーはトレリスやアーチによく、スクランブラー・ローズ（手を加えなくても上へ上へとよじのぼる）は、木に這わせるのに向きます。これらが見事に咲くようになるには2～3年かかります。
乾燥した場所に植えるなら、初めの1～2年はしっかり水やりを。

Albertine　B-1　B-79　C-81
アルバーティン（ウィクライアーナ・ランブラー）

古くから有名なランブラー。強健な性質。
八重咲きで、ピンク色にゴールドがかった花がたくさん咲く。
きわめて生育のよい樹。1921年　450×240cm
S P T ★

Alchymist　B-24
アルケミスト（モダン・クライマー）

珍しい美しいつるバラ。良質の葉。強健な樹。
完全八重で、黄色と卵黄がかったオレンジの混色が、
時とともに薄くなる。強い香り。1956年　360×240cm
S P SB ✚ ★

Attleborough　C-9
アテルボラ（モダン・クライマー）

健康的で丈夫なつるバラ。
はっきりした明るい赤色に時おり白色を帯びる。
秋に入ってもよく咲く連続咲き。2001年　360×240cm
C P

Blush Noisette D-80
ブラッシュ・ノアゼット （ノアゼット）

樹形が穏やかで、魅力的なノアゼット種。
淡く赤みを帯びたピンクの花。剪定がそれほど必要ない、
優れたシュラブ。初期のノアゼットのひとつ。18世紀。
210×120cm　C P H + SB

Blush Rambler B-82 C-58
ブラッシュ・ランブラー （ブルーソー）

ライトグリーンの葉が豊富につく。棘はほとんどない。
ソフトな赤みがかったピンク色で、房になって垂れ下がる。
1903年　360×300cm
S P

Dorothy Perkins D-83
ドロシー・パーキンス （ウィクライアーナ）

最も有名なバラのひとつ。鮮明なピンクの花が、
色鮮やかな滝のようになって咲く。
ややうどんこ病にかかりやすい。1902年　300×240cm
S

PART4 バラクラの「バラ図鑑」

Easlea's Golden Rambler C-3
イースリアス・ゴールデン・ランブラー（ウィクライアーナ・ランブラー）

黄色系のつるバラの最高級品種。
鮮やかな黄色で香りのある花が房咲きになる。
特に茎が長い。非常に愛らしい葉。1932年　600×450cm

S P + T

Empress Joséphine B-15
エンプレス・ジョゼフィーヌ（ガリカ）

大輪で柔らかい形の半八重咲き。ピンク色の花に
重厚な脈目が入る。芳香性。葉は豊富。
非常に優良な健康的なバラ。19世紀中頃。120×90cm

S TB P H

Evangeline E-84
エヴァンジェリン（ウィクライアーナ・ランブラー）

半八重咲きと一重咲きがあり、健康的な皮質の葉が、
クリーミーホワイトがかったピンク色を帯びた花の
理想的な引き立て役になっている。この系統の多くのバラより、
シーズン中かなり遅めに咲くのが特徴。1906年　480×360cm

S P N + T ★

Excelsa C-85 E-71 E-86
エクセルサ（ウィクライアーナ・ランブラー）

小輪で赤味を帯びたフューシャピンクの花が、
大きな穂状に咲く。細長い強いシュート。非常に強健。
最も有用なウィクライアーナ・ランブラーのひとつ。
1909年　450×360cm

S G P N + T

Ghislaine de Feligonde B-62
ジスレーヌ・ドゥ・フェリゴンド（ムスク・ランブラー）

丈が短めのランブラー。
特に支えがあれば大きなブッシュのようにうまく育つ。
オレンジがかった黄色の房咲き。強い日差しを受けると、
クリームがかった黄褐色へと薄くなる。良質の光沢ある葉。
ほとんど棘がない。1916年　240×240cm

C **W** **P** **N** **+**

Kiftsgate A-87 E-88
キフツゲート（フィリペス）

香りあるクリーミーホワイトの花が、大きな房となって
たくさん咲く。非常に強健。かなりの日陰でも育つ。
木に這わせるつるバラとして理想的。
900×600cm

S **P** **F** **+** **T** **A**

Long John Silver A-63
ロング・ジョン・シルバー（セティゲラ・ハイブリッド・クライマー）

芳香性。大輪、形が整ったカップ状、八重咲き。
シルキーホワイトに、時おり微かに赤色を帯びる花に
長い茎。大変美しい。葉は良質。非常に強健。
1934年　540×300cm

R **P** **N** **+** **T**

Mme. Grégoire Staechelin E-41
マダム・グレゴワー・スタエツリン（クライミング・ハイブリッド・ティー）

非常に勢いのあるバラ。巨大輪。淡いピンク色で、
花弁の裏側は深いピンク色に脈目が入る。美しい葉。
1927年　450×300cm

R **P** **N** **+**

PART4 バラクラの「バラ図鑑」

Paul's Himalayan Musk C-89 D-18
ポールズ・ヒマラヤン・ムスク（モスカータ）

よく繁茂するつる。海緑色の葉。
たくさんの小輪のソフトピンクの花が房になる。芳香性。19世紀後半と思われる。
750×360cm　S G P N + T

Parkdirektor Riggers F-70
パークダイレクター・リガース（モダン・クライマー）

優れたつるバラ。一重、または半八重咲きの花が
大きな房になる。濃い赤色から深紅。葉のよく茂る樹。
1957年　300×180cm
C P N +

Phyllis Bide C-90
フィリス・バイド（ランブラー）

ピンク色、サーモンゴールドの小輪の半八重咲きの花。
微かな香り。中型の樹。
1923年　360×180cm
C P N +

65

Rambling Rector [C-16] [C-91] [C-92]
ランブリング・レクター（モスカータ）

別名シェイクスピアズ・ムスク。葉がよく茂るランブラー。
樹の勢いのよさで知られている。
7月になると八重咲きの白い花の房が厚く覆う。
大変古い品種。芳香性。750×450cm

S P N + T ★

Sir Paul Smith [C-10]
サー・ポール・スミス（モダン・クライマー）

大きくとても強い香りの花。八重咲きの花で濃いピンク色
からカーマイン色の花が房になって咲く。連続咲きだが、
花後を剪定しないとオレンジ色の大きな実がつく。
健康的な樹。濃い緑色の葉がとてもよく茂る。このバラは
ファッション・デザイナーのポール・スミスの妻に贈られた。
2006年　300×160cm　C TB P F SB ★

Zéphirine Drouhin [A-93] [F-94]
ゼフィリーヌ・ドゥルーアン（ブルボン・クライマー）

棘がない。半八重咲きの鮮紅ピンク。
香りの誉れ高いつるバラ、またはシュラブ。
1868年　270×180cm
C P N + SB

② クラシック・シュラブ・ローズ

クラシック・シュラブ・ローズはコンパクトな茂みをつくります。
大きくて華やかな花が多く、色彩豊富。一般的に育てやすく、
広範囲の土壌の性質と生育環境に耐えます。
多くが姿形の美しさと芳香性をあわせ持ち、
気持ちを動かさずにはいられない神秘とロマンを醸し出しています。

Autumn Fire　C-95
オータム・ファイアー（モダン・シュラブ）

別名ヘルプスト・フロイヤー。
大輪で濃い赤色の半八重咲き。微かな香り。
良質な黄色がかった赤色で梨のような形の実がなる。
時おり繰り返し咲く。1961年　180×120cm
R CG W P H F +

Baron Girod de l'Ain　D-32
バロン・ジロー・ドゥ・ラン（ハイブリッド・パーペチュアル）

興味深いバラ。明るい深紅色がかった赤色で、
それぞれの花弁の縁が白い。芳香性で健康的。
1897年　120×90cm
R P

Blanc Double de Coubert　E-37
ブラン・ドゥーブル・ドゥ・クベール（ルゴサ）

美しい純白の半八重の花が紙のように薄く咲く。
強い香り。実はところどころにつく。
1892年　150×120cm
R TB W H +

Chapeau de Napoleon　B-15
シャポー・ドゥ・ナポレオン（モス）

別名クレスティド・モス、クリスタータ。完全八重咲きで
キャベツ状の花。がくについた苔状のものが
深いシルバーピンクの花を引き立てている。三角形をした
がくの形がナポレオンの帽子に似ているところからこの名がつ
けられた。芳香性。1826年　150×120cm
S TB CG P

Constance Spry
コンスタンス・スプライ（モダン・シュラブ）　B-23　C-96

傑出した6月のバラ。強健。大輪のピンクで古典的な花を
スプレー状に咲かせる。濃厚なミルラの香り。
いくぶん支える必要がある。クライマーにしてもよく育つ。
1960年　360×300cm　S CG P H +

Fantin-Latour
ファンタン・ラトゥール（センティフォリア）　C-109

平状の多弁咲き。赤みがかったピンクで香りがよい。
整ったブッシュにたくさん咲く。
1900年頃　150×120cm
S P

Fimbriata
ファンブリアータ（ルゴサ）　C-59

別名フェーベズ・フリンド・ピンク。
非常に香りのよいカーネーションのようなソフトピンクの
花が房咲きになる。鮮やかなライトグリーンの葉。
1891年　90×90cm　C TB P H +

Jens Munk　　E-53
ジェンス・ムンク（ルゴサ）

香りがよく薄紫がかったピンク。完全八重咲き。
完全に開花すると黄色い雄しべが目立つ。強い香り。
丈夫なブッシュタイプの樹で、豊富で健康的な葉。
良質なカナダ産ローズ。1974年　90×120cm
R G TB W P H ＋

Louise Odier　　D-33
ルイーズ・オディエ（ブルボン）

完全八重。明るいローズピンクで椿のような花。
強健で枝ぶりが自由自在な方向に育つバラ。
1851年　120×120cm
C H ＋
★

Konigin von Danemark　　D-31
ケーニギン・フォン・デンマーク（アルバ）

別名クイーン・オブ・デンマーク。
クォーター咲きで明るいピンク色の花。丈の高いエレガントなブッシュ。
淡い灰色がかった緑色の葉。豊かなアルバ種の香り。
1826年　150×120cm　S P H ＋

Mme. Hardy　D-47
マダム・ハーディー（ダマスク）

庭園オールドローズの中でも傑出した作品のひとつ。
エレガントな樹に華麗な花。
花弁が中心に向かって巻く形のよい完全八重咲き。
ほぼ純白の白で、中心に緑色の芯が入る。強い香り。
1832年　150×150cm

S　P　H　+

Mrs.Yamada　B-21　E-86
ミセス・ヤマダ（ブルボン）

ヴァリエガータ・ディ・ボローニャの突然変異で
深い赤色。カップ状の完全八重で香りのある花。
日本のバラクラ イングリッシュ ガーデンにて
ピーター・ビールスにより発見された。
2002年　180×150cm

C　P

Pink Grootendorst　C-11　E-53
ピンク・グルーテンドースト（ルゴサ）

小輪ではっきりしたピンク色の花が密になって咲く。縁はフリル状。
特にルゴサ種の良葉とのコントラストがよい。よい生垣になる。
1923年　120×90cm　R　TB　W　P　H　+

Penelope
ペネロペ（ハイブリッド・ムスク） D-97

半八重咲き。
クリーミーピンク色が次第に淡くなり白色になる。
香りもよい。この系統では最も素晴らしい品種のひとつ。
1924年　150×120cm

Rosa gallica officinalis
ロサ・ガリカ・オフィシナリス（ガリカ） E-38

別名レッド・ローズ・オブ・ランカスター、
ジ・アポカテリー・ローズ。人目を引くシュラブ。
直立性だがブッシュタイプの樹。明るい深紅の花は
半八重咲き。7月全体にわたって咲く。非常に古い品種。
90×90cm

Rosa rugosa typica
ロサ・ルゴサ・タイピカ（ルゴサ） C-42

深い赤みを帯びた洋紅色の花が夏の間咲く。
咲き終わったあと、丸く赤い実がつく。きめが粗い葉。
ブッシュタイプで密に茂る樹。
1796年　150×150 cm

Roseraie de l'Hay
ロズレー・ドゥ・ライ（ルゴサ） A-98　D-19

横に拡がるシュラブ。
大輪で深紅色から紫色のゆったりした花がほぼ平らに開く。
砂糖をまぶしたアーモンドのような強い香りがする。
1901年　180×150 cm

Schneezwerg　E-37
シュニーツヴァーグ（ルゴサ）

別名スノードワーフ。興味深い小さなルゴサ種。
純白に黄金色の雄しべが目立つ半八重の花を
たくさん咲かせる。自由自在な枝ぶりが特徴。
スカーレット色の実を遅咲きの花とともに見ることができる。
1912年　150×120 cm
C TB W P H +

St.Ethelburga　A-20　E-99
セント・エセルバーガ（BEA-binbo）（モダンシュラブ）

とても強い香りのオールド・ファッション・スタイル。
健康的で強健。
2003年　120×90 cm
C TB P H

The Fairy　C-100　D-101
ザ・フェアリー（ポリアンサ）

拡がる性質の品種。
樹高が扱いやすい約60cmにしかならないので、
まとめてグランドカバーとして植栽するとよい。
ビーズのようなつぼみが房状につき、開くと球形で
ピンク色の花になる。かためて植えるのが最も効果的。
夏の間、ほとんど連続的に咲く。
良質の葉。1932年　60×90cm
C G TB P H +

Variegata di Bologna　B-21　D-34
ヴァリエガータ・ディ・ボローニャ（ブルボン）

クリーミーホワイトの地に紫色のはっきりしたストライプ。
クロスグリのジャムとセモリーナを思い出させる。
葉はまばらだが、かなり丈の高いブッシュ。
1909年　150×120cm
C P

③原種系シュラブ・ローズ

ここには原種系シュラブ・ローズを集めています。
花は普通一重咲きで、ほとんどは咲いた後に実をつけます。
このカテゴリーに入るバラは原種、あるいは原種から自然に交配されたもの、
または人が手を加えて進化してきたものです。
中には花が咲くまで3年かかるものもあります。

Rosa glauca C-102 D-30
ロサ・グラウカ（ロサ・ルブリフォリア）

花に目立ったところはないが、小輪の一重咲きでピンク色。
濃い紫色がかった灰色の葉がユニーク。優良な実。
素晴らしい生垣になる。1830年　180×150cm

S W P H F ＋ A

Rosa moyesii F-49
ロサ・モエジーアイ

いくつかの性質が組み合わされている興味深いバラ。
ワックスレッドのワインの瓶形の見事な実。
しっかりしているが、繊細な一重のブラッドレッドの花。
葯（ヤク：雄しべの先にあって、中に花粉を生ずるふくろ状の部分）も目立つ。葉もまた感じがよい。
1903年に紹介された。240×150 cm

S CG W P F ＋

Rosa moyesii Geranium F-45
ロサ・モエジー・ジェラニウム

まばゆいほどの赤色の現代育成種。
オレンジレッドの実が素晴らしい。
早朝の朝日に照り映える姿は、実に壮観である。
1938年　240×150 cm

S CG W P F ＋

Rosa mulliganii C-103
ロサ・ムリガーニアイ (ロサ・ロンギクスピス以前)
何年間もこのバラは、ロサ・ロンギクスピスとして出回っていた。
赤銅色を帯びた若いシュートにつやのある葉。
白い花にバナナの香り。ほとんど常緑。
1917年 450 ×180 cm　S G P F N + T

Rosa multiflora E-104
ロサ・マルチフローラ
一重咲きでクリーミーホワイトの花がたくさん咲く。
大きな穂状花。比較的棘のない強健な樹。光沢のある葉。
古いバラ。450×300 cm
S P N + T

Rosa nutkana F-48
ロサ・ヌットカーナ
淡いピンク色から薄紫色の中輪の花がオープンシュラブの
樹に咲く。鳥たちにとっては、
このローズ・ヒップはおいしくないらしい。
1876年 180×120 cm
S T B W P F

Rosa pimpinellifolia C-105
ロサ・ピンピネリフォリア
別名ロサ・スピノシマ・バーネットローズ。
一重咲きの魅力的な品種。約90cmまで成長し、
クリーミーホワイトの花がかたまって咲く。
咲き終えると黒みがかった実になる。非常に古い品種。
90×90 cm　S G T B W P H F +

④グランドカバー・ローズ

丈が伸びるよりも横に拡がる性質のバラです。
垂れ下がるように仕立てたり、大きな花壇にたくさん植えたり、低木として植栽するなど、
さまざまに用いることができます。小さめの品種は、樽や古木の切り株などに植えても効果的です。
また、壁面やトレリスなどの小さな部分を這わせるのに適している品種もあります。

Barakura C-40
バラクラ

ソフトなパステル調のピンク色で、
ロゼット形の健康的なバラ。夏の間、大きな房になって咲く。
微かな香り。豊富なライトグリーンの葉。
枝が密生して横に拡がる樹。1998年。60×120cm
C G ★

Bonica C-108
ボニカ

ソフトピンクの半八重咲きの花。強健なブッシュタイプの樹。
色の濃い皮質の葉。素晴らしい品種。
1982年 90×180cm C G TB P F

⑤フロリバンダ・ローズ

フロリバンダ・ローズは、
ひと枝に1輪だけ花をつけるのではなく、
また房咲きとも違い、
ひと枝から数個の花をつけるバラのことをいいます。
単独でも美しいのですが、花壇バラとして植えても、
6月から10月までの長期間にわたって
彩りを与えてくれます。
多くは生垣にも好適です。
ハイブリッド・ティーと同様に、
毎年の剪定、毎春施肥すればよく生育します。

Rhapsody in Blue A-107 C-106
ラプソディー・イン・ブルー

2003年の「ローズ・オブ・ザ・イヤー」受賞。
花は濃いパープルがかった青。強い香り。
1999年（中）

BARAKURA English Garden
バラMAP

バラクラ イングリッシュ ガーデン内のバラの植栽マップです。
「バラ図鑑」(P60〜75)に掲載しているバラの番号(例:B-1)と連動しています。
さまざまな品種のバラが植えられていて、
場合によっては、同じ品種が2、3か所で楽しめることがわかります。
庭園の雰囲気を大切にしているため、バラの名前の札はほとんどつけていません。
実際にバラクラの庭をめぐるときにも、ぜひ役立ててください。

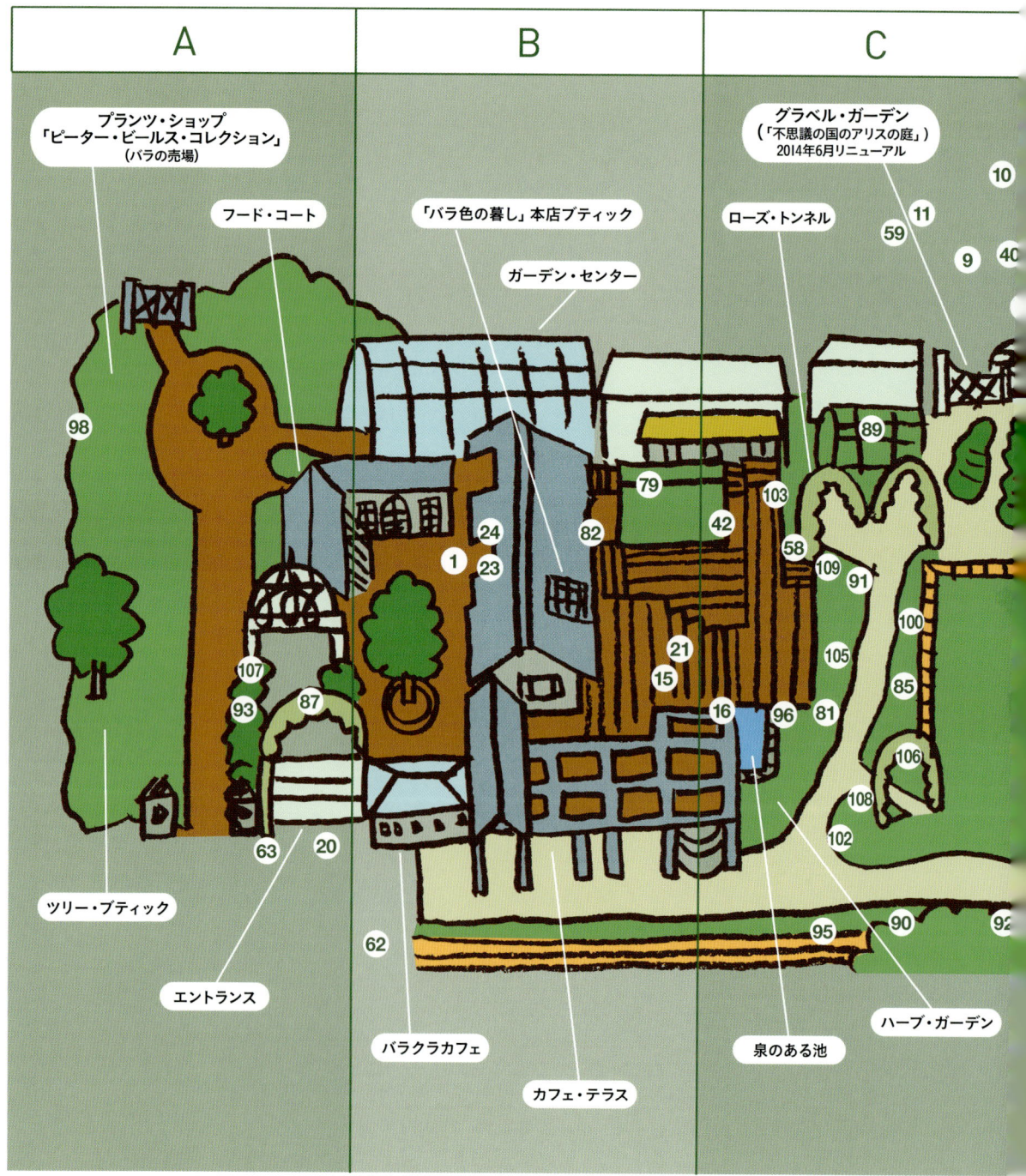

A	B	C

A エリア
- プランツ・ショップ「ピーター・ビールス・コレクション」(バラの売場)
- フード・コート
- ツリー・ブティック
- エントランス

B エリア
- 「バラ色の暮し」本店ブティック
- ガーデン・センター
- バラクラカフェ
- カフェ・テラス

C エリア
- グラベル・ガーデン(「不思議の国のアリスの庭」) 2014年6月リニューアル
- ローズ・トンネル
- 泉のある池
- ハーブ・ガーデン

番号: 98, 107, 93, 87, 63, 20, 62, 24, 23, 1, 82, 79, 42, 103, 58, 109, 91, 21, 15, 16, 96, 105, 81, 85, 100, 106, 108, 102, 95, 90, 92, 89, 59, 11, 10, 9, 40

※ひとつの数字の箇所に2種類のバラが植栽されている場合もあります。

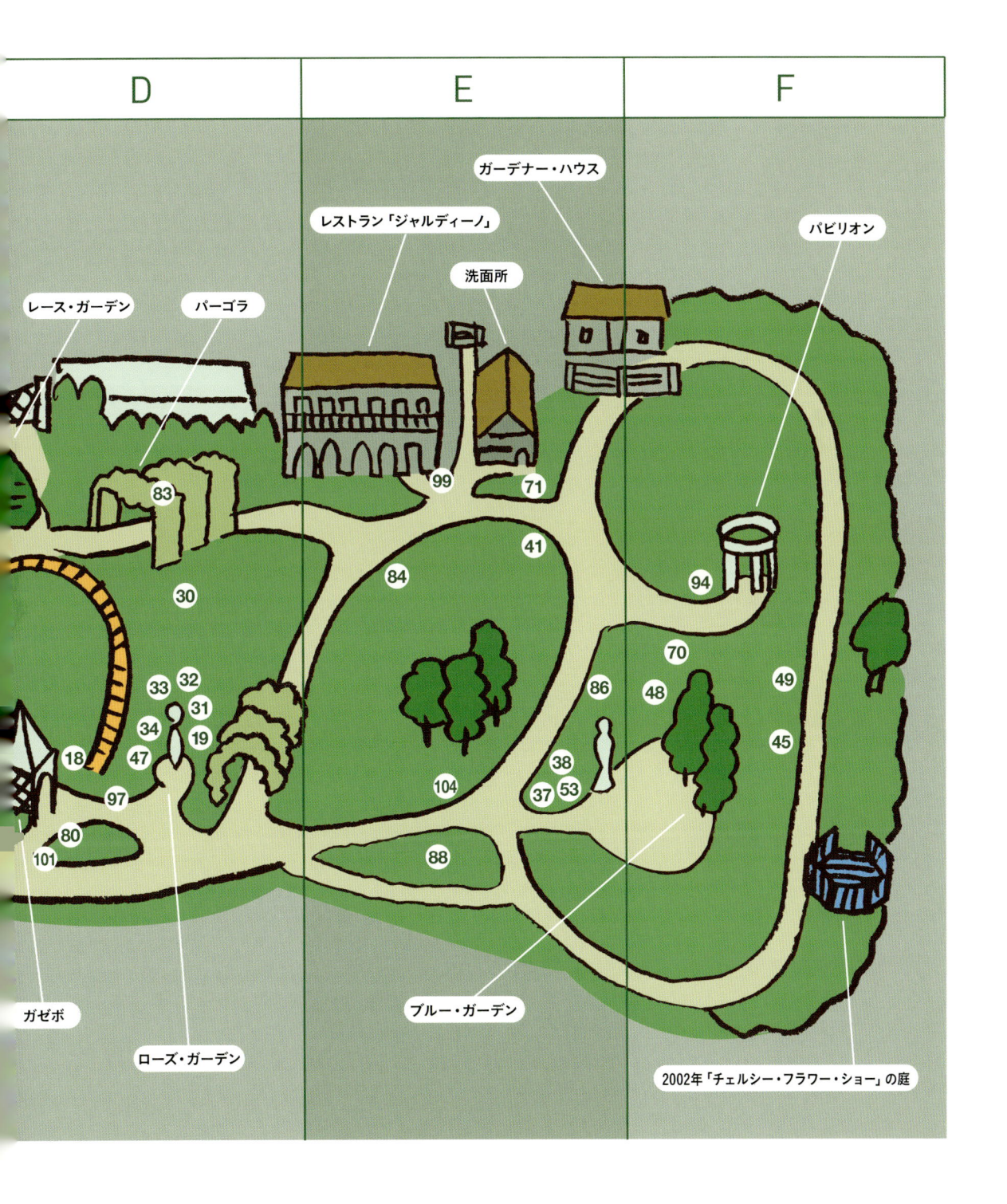

PART4 バラクラの「バラ図鑑」

| D | E | F |

ガーデナー・ハウス

レストラン「ジャルディーノ」

パビリオン

洗面所

レース・ガーデン
パーゴラ

83

99　71

30

41

84

94

33　32
　31
34　19
47
18
97
80
101

86
48
70
49
45

38
37　53

104

88

ガゼボ

ローズ・ガーデン

ブルー・ガーデン

2002年「チェルシー・フラワー・ショー」の庭

77

BARAKURA English Garden

庭MAP

バラクラ イングリッシュ ガーデンは、
コーナーごとにしっかりしたイメージをもってつくられているのが特徴。
蓼科の庭を訪れたら、まずローズ・トンネルから
時計回りにゆっくり一周してみましょう。
それぞれのガーデンごとに豊かな表情が楽しめます。
バラとコンパニオンプランツとの組み合わせも一緒に味わって。

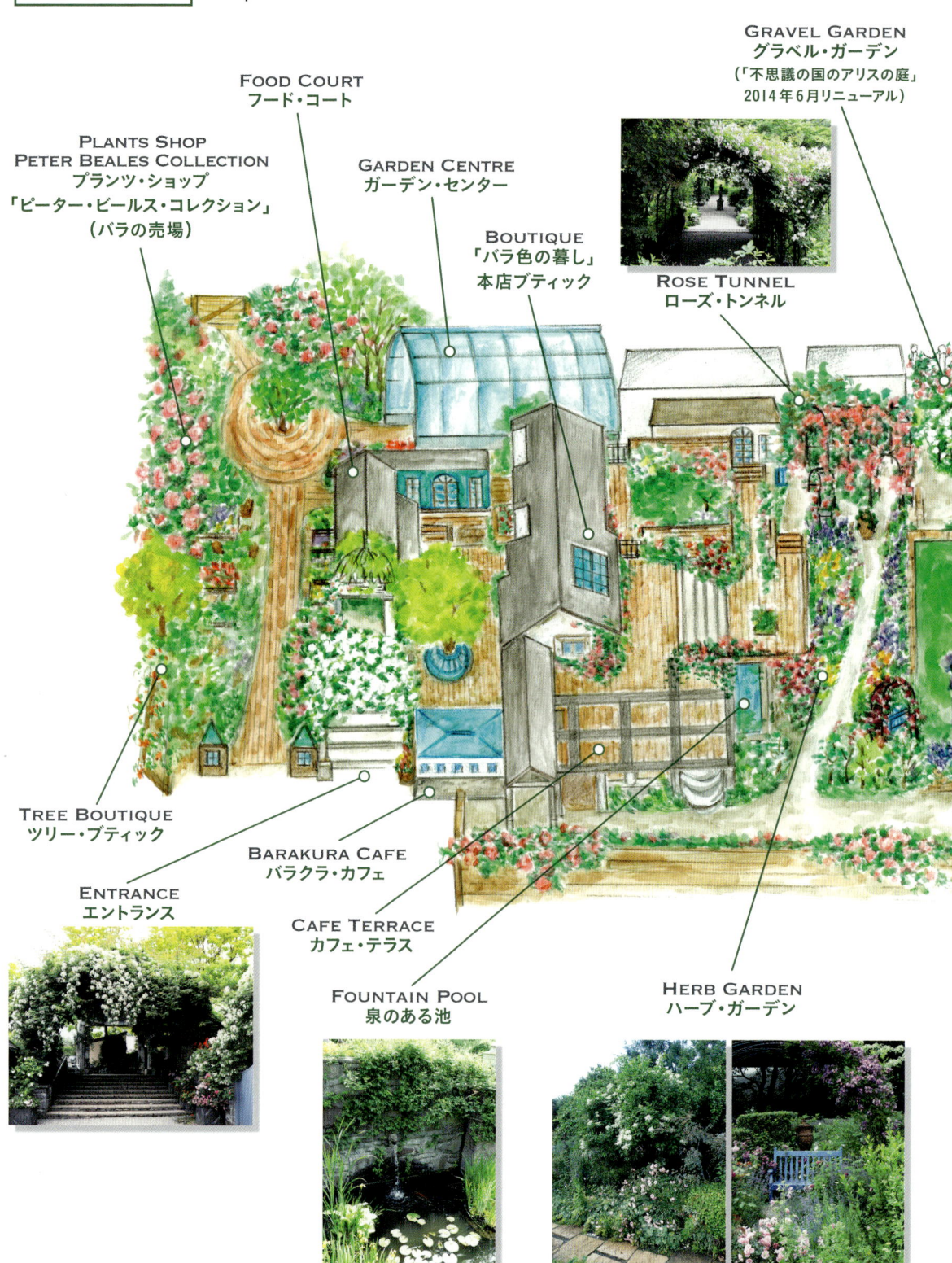

GRAVEL GARDEN
グラベル・ガーデン
(「不思議の国のアリスの庭」
2014年6月リニューアル)

FOOD COURT
フード・コート

PLANTS SHOP
PETER BEALES COLLECTION
プランツ・ショップ
「ピーター・ビールス・コレクション」
(バラの売場)

GARDEN CENTRE
ガーデン・センター

BOUTIQUE
「バラ色の暮し」
本店ブティック

ROSE TUNNEL
ローズ・トンネル

TREE BOUTIQUE
ツリー・ブティック

BARAKURA CAFE
バラクラ・カフェ

ENTRANCE
エントランス

CAFE TERRACE
カフェ・テラス

FOUNTAIN POOL
泉のある池

HERB GARDEN
ハーブ・ガーデン

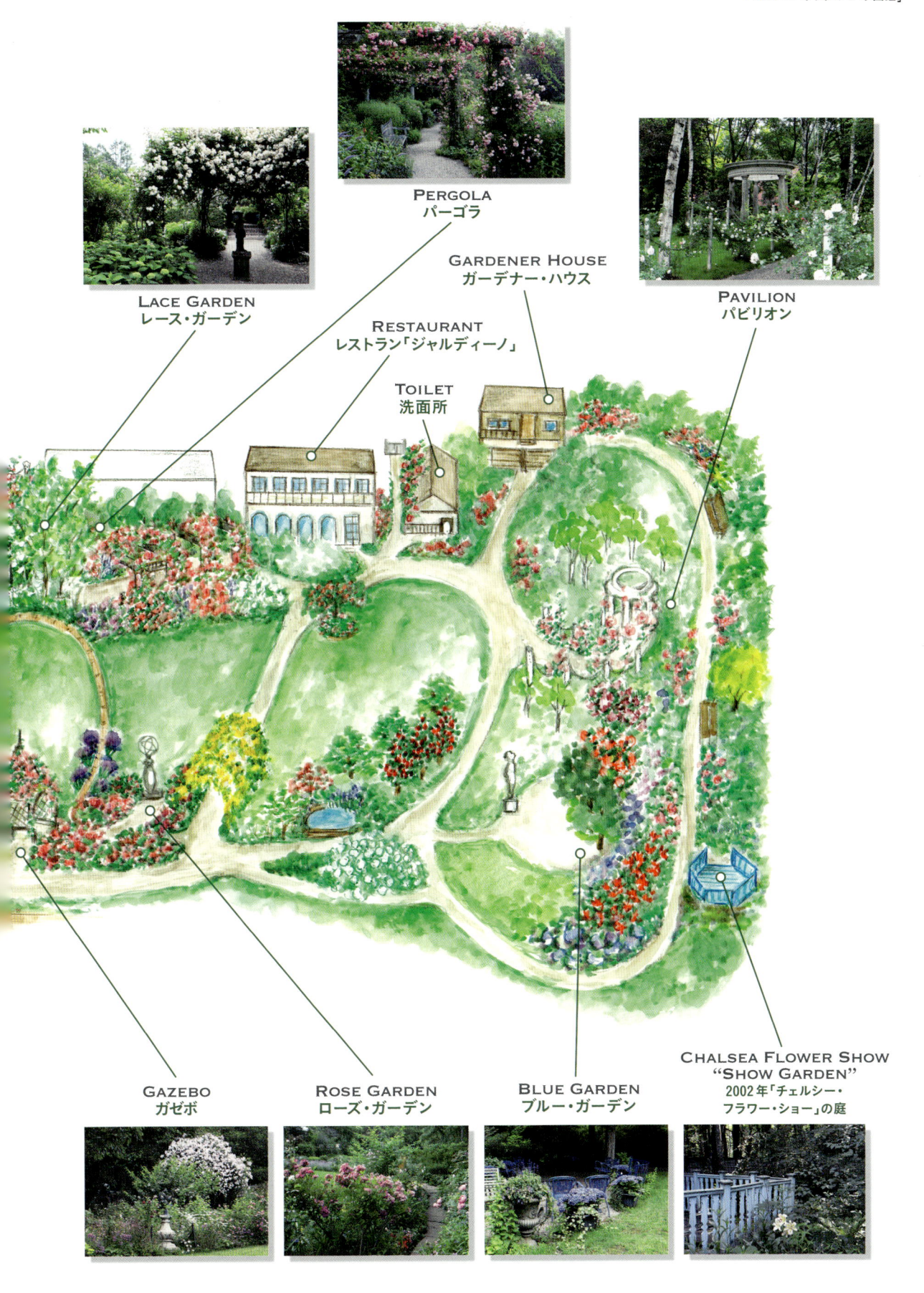

PART4 バラクラの「バラ図鑑」

Lace Garden
レース・ガーデン

Pergola
パーゴラ

Gardener House
ガーデナー・ハウス

Pavilion
パビリオン

Restaurant
レストラン「ジャルディーノ」

Toilet
洗面所

Gazebo
ガゼボ

Rose Garden
ローズ・ガーデン

Blue Garden
ブルー・ガーデン

Chalsea Flower Show
"Show Garden"
2002年「チェルシー・
フラワー・ショー」の庭

79

育てたい場所にイメージ通りのバラを咲かせたい！

オールドローズの用途と花色分類表

花色 \ 用途		限られたスペースに適した小さめのシュラブ	生垣に適した品種	密生した棘の多い生垣になる品種
白色～クリーム色		マクミラン・ナース ホワイト・ペット	アルバ・マキシマ アルバ・セミ・プレナ マダム・ハーディー	ブラン・ドゥーブル・ドゥ・クベール ロサ・ルゴサ・アルバ シュニーツヴァーグ
クリーム色～レモン色		ジャクリーヌ・デュ・プレ	ネバダ フリューリングスドゥフト	ロサ・アルタイカ ロサ・ピンピネリフォリア
淡い黄色		ゴールデン・メロディー	ダナエ ペネロペ	アグネス
明るい黄色		ライヒトゥコーニゲン・ルシア	アンバサダー・ノガミ フリューリングスゴールド	カナリー・バード
黄金色／オレンジ／イエロー		レディ・ヒリングドン	オータム・サンセット レイモンド・カーヴァー	ゴールドブッシュ
アプリコット（杏色）		スイート・ドリーム	ウエスターランド	メイゴールド
ピーチ色／黄褐色／銅色		ダイヤモンド・ジュビリー ミセス・オークリー・フィッシャー	バフ・ビューティー	レディ・ペンザンス ロード・ペンザンス
スカーレット（緋色）		ルビーアニバーサリー ロビン・レッドブレスト ピーター・ビールス	カッセル	オータム・ファイアー ロイヤルウィリアム
深紅色／濃赤色		ラウンドレイ	ミセス・アンソニー・ウォーターラー	オータム・ファイアー
赤紫色		カーディナル・ヒュム トゥスカニー・スパーブ	トゥスカニー・スパーブ アテルボラ	ロズレー・ドゥ・ライ カーディナル・デ・リシュリュー
青紫色		イエスタデイ ラプソディー・イン・ブルー	マジェンタ レイネ・デ・ヴィオレット	ウィリアム・ロブ
淡いピンク色		アンナ・パブロワ セシル・ブルナー バラクラ	スーヴニール・ドゥ・ラ・マルメゾン	セント・エセルバーガ スタンウェル・パーペチュアル
ソフトピンク色		アルフレッド・デ・ダルマス コントゥ・ドゥ・シャンボール ジャック・カルティエ	バロネス・ロスチャイルド フェリシア ファンタン・ラトゥール	ピンク・グルーテンドースト フラウ・ダグマ・ハストラップ ロサ・ヌットカーナ
明るいピンク色		バレリーナ　ボニカ コントゥ・ドゥ・シャンボール ザ・フェアリー	コントゥ・ドゥ・シャンボール エンプレス・ジョゼフィーヌ シャポー・ドゥ・ナポレオン	ロサ・エグランテリア
深いピンク色／鮮紅色		ダッチェス・オブ・ポートランド ローズ・デ・リシェット ロサ・ガリカ・オフィシナリス	ロサ・カリフォルニカ'プレナ' ローズ・デ・リシェット	ロズレー・ドゥ・ライ スカボロサ ジェンス・ムンク
ストライプ＋重色		カマユー ロサ・ムンディ	フェルディナンド・ピカール	ヴァリエガータ・ディ・ボローニャ ミセス・ヤマダ

80

PART4 バラクラの「バラ図鑑」

用途に合わせて花色が選べるよう、おすすめのガーデンローズをセレクトしました。
（庭に咲かせるのにふさわしいバラ）

『Classic Roses The Peter Beales Collection』より

日陰に強い品種	北向きの壁にもよいクライマー	多くの花をつけるピラーローズ（柱用のバラ）	適度に繁茂するクライマーとランブラー	木に這わせるのにも適した大きく繁茂するクライマー
マダム・ハーディー プロスペリティ ロサ・マルチフローラ	シティ・オブ・ヨーク マダム・アルフレッド・キャリエール	スワン・レイク ホワイト・コッケード ロング・ジョン・シルバー	アイスバーグ・クライマー マダム・アルフレッド・キャリエール ロサ・ムリガーニアイ	ボビー・ジェームス キフツゲート ランブリング・レクター
パール・ドリフト ムーンライト ロサ・アルタイカ	ポールズ・レモン・ピラー アルベリック・バービエ	ゴールドフィンチ セリーヌ・フォレスティエ	ポールズ・レモン・ピラー ミセス・ハーバート・スティーブンス	シティ・オブ・ヨーク トレジャー・トローヴ
ダナエ	カジノ マーメイド	カジノ	マーメイド	ガーデニア マーメイド
フリューリングスゴールド ライヒトゥコーニゲン・ルシア	エミリー・グレイ レベルクーゼン	ゴールデン・ウィングス グラハム・トマス	エミリー・グレイ レベルクーゼン	イースリアス・ゴールデン・ランブラー ローレンス・ジョンストン エミリー・グレイ
オータム・サンセット	ジスレーヌ・ドゥ・フェリゴンド クレール・ジャキエ	ブーケ・ドゥール ジスレーヌ・ドゥ・フェリゴンド	レディ・ヒリングドン エミリー・グレイ	エミリー・グレイ
コーネリア ウエスターランド	メイゴールド	メイゴールド バフ・ビューティー	アルケミスト メイゴールド	アルケミスト デープレ・ア・フルー・ジョーン
バフ・ビューティー	メイゴールド	コンパッション メグ	ブーケ・ドゥール	アリスター・ステラ・グレイ
ロサ・モエジーアイ シャールラックグルト	ダンス・ドゥ・フー ポールズ・スカーレット	ポールズ・スカーレット	スーヴニール・ドゥ・クロディウス・ドゥノワイエル	シャールラックグルト ローズ・マリエ・ヴィオード
ヘンリー・キルシー	パークダイレクター・リガース チェビィ・チェイス	ダヴリン・ベイ	エナ・ハークネス・クライマー エトワール・デ・オランダ・クライマー	チェビィ・チェイス エクセルサ
マダム・イザック・ペリエール ミセス・アンソニー・ウォータラー	スーヴニール・デュ・ドクトール・ジャマン	スーヴニール・デュ・ドクトール・ジャマン	ヴィオレット	ブルー・マジェンタ
レイネ・デ・ヴィオレット	ヴェイルヒェンブラウ ブルー・マジェンタ	ヴィオレット ヴェイルヒェンブラウ	ヴェイルヒェンブラウ ローズ・マリエ・ヴィオード	ヴェイルヒェンブラウ
メイデンス・ブラッシュ・グレート スタンウェル・パーペチュアル	ニュー・ドーン アウェイクニング	アウェイクニング ブラッシュ・ノアゼット ニュー・ドーン	ザ・ガーランド エヴァンジェリン	セシル・ブルナー・クライマー エヴァンジェリン
フェリシア マダム・イザック・ペリエール	ニュー・ドーン コンスタンス・スプライ	ナロウ・ウォーター エデン・ローズ'88 （ピエール・ドゥ・ロンサール）	ドクター・ヴァン・フリート	ブラッシュ・ランブラー ポールズ・ヒマラヤン・ムスク エセル
ブルボン・クイーン ルイーズ・オディエ	フランソワ・ジュランヴィル マダム・キャロライン・テストアウト マダム・グレゴワ・スタエツリン	ピンク・ペルペチュー アロハ	マダム・グレゴワ・スタエツリン ドロシー・パーキンス	アメリカン・ピラー フランソワ・ジュランヴィル
スリーズ・ブーケット マダム・イザック・ペリエール	ゼフィリーヌ・ドゥルーアン	ゼフィリーヌ・ドゥルーアン サー・ポール・スミス	ジョニー・クルームス	エクセルサ
ロサ・ムンディ ホノリン・デ・ブラバンド	フィリス・バイド	ヘンデル フィリス・バイド	マスカレード レヴェイル・ディジョ	

バラ苗は、バラクラ ガーデンセンターにお問い合わせください。Tel 0266(71)5555

BARAKURA English Garden PART 5

バラの季節に似合うコンパニオンプランツ

バラの花と相性のいい草花は、バラを引き立て、全体の風景をより魅力的なものにします。

ローズトンネルに隣接するハーブ・ガーデンには多くのハーブ類、植物が植えられて。

もともと他の植物と相性のいいのがオールドローズ

　バラの周囲を彩るコンパニオンプランツは、色合いを考慮して選びましょう。バラは、枝と花の咲くところは太陽を好みますが、根元はむしろカンカン照りでないほうがいいのです。
　バラの根は地下に垂直に伸びていくので、幹の周りに植物を植えても大丈夫。何百年と生きてきた先祖の系譜をもつオールドローズなので、他の植物とも相性がよく共生していきます。

PART5 コンパニオンプランツ

イースリアス・ゴールデン・ランブラーとコンパニオンプランツ、赤紫のクレマチス〝ヴィル・ドゥ・リヨン〟　学名：*Clematis*

ナミキソウ
学名：*Scutellaria strigillosa*

アストランティア
学名：*Astrantia major*

ペンステモン
学名：*Penstemon digitalis*

ベルガモット（別名モナルダ、タイマツバナ）
学名：*Monarda*

フロックス "ペパーミント・ツイスト"
学名：*Phlox 'Peppermint twist'*

タイツリソウ
学名：*Dicentra spectabilis*

キャットミント
学名：*Nepeta*

ベロニカ（和名ルリトラノオ）
学名：*Veronica*

バラ、ロズレー・ドゥ・ライとコンパニオンプランツを同系色でまとめて。
ピンクの花はジギタリス　学名：*Digitalis*

PART5 コンパニオンプランツ

パーゴラに咲くドロシー・パーキンスのピンクとアジサイ〝アナベル〟の白が心地よい甘さを感じさせて。
ハイドランジア〝アナベル〟 学名：*Hydrangea arborescens 'Annabelle'*

ノリウツギ
学名：*Hydrangea paniculata*

ヤロウ（アキレア）
学名：*Achillea millefolium*

ラムズイヤー
学名：*Stachys byzantina*

カラミンサ
学名：*Calamintha nepetoides*

85

ガゼボから眺めたローズ・ガーデン。赤紫のバラはコーネリア、白のバラはフェリシア。ムラサキツユクサ（トラデスカンティア）との
グラデーションが美しい。　学名：*Tradescantia*

［左］エレムルス　学名：*Eremurus*
［右］デルフィニウム　学名：*Delphinium*

サルビア・パテンス
学名：*Salvia patens*

サルビア・ファリナセア
学名：*Salvia farinacea*

アンチューサ
学名：*Anchusa azurea*

PART5 コンパニオンプランツ

白い花だけで構成されたレース・ガーデン。手前は、ノリウツギ　学名：*Hydrangea paniculata*

コンフリー
学名：*Symphytum officinale*

アリウム・ギガンチウム
学名：*Allium giganteum*

マロウ
学名：*Malva*

BARAKURA English Garden PART6

バラクラ イングリッシュ ガーデン
四季の豊かな表情

標高1000mの蓼科高原に位置するバラクラでは、自然の移ろいが五感を通してはっきりと感じとれます。

マザーズヒルズに咲く水仙とヒヤシンス。

春 Spring

蓼科の冬は厳しいので、待ちわびた春の到来はひとしおうれしく感じます。春が遅く来る分、レンギョウもコブシも桜も、チューリップもビオラもいっぺんに咲き出し、その美しさは天国のよう。水仙など雪を解かして芽が出てくるのですから、本当に感動してしまいます。

待ちこがれた春になると庭仕事もいっそう楽しくなって。ついつい庭で過ごす時間が長くなる。春の花は色のきれいなものを多く植えることで、視覚からも元気をもらえる。

夏 Summer

蓼科ではバラは6月から7月にかけて、早咲きから遅咲きまで楽しめます。特に一季咲きのバラは、そこにすべての命をためています。香りやバラが発するエネルギーがガーデン中に漂い、疲れも自然にとれてしまいます。盛夏となり、キャンドルをともす夜はいつもの光景が一変して別世界に。

年に1日だけ開催されるキャンドル・ライト・ナイト（8月第3土曜日）。夕闇が訪れると、ガーデン内はキャンドルのきらめきで幻想的に。

秋
Autumn

秋の花を代表するのがダリアです。近年になって品種改良が進み、さまざまな色やバラエティ豊かな花弁の形のダリアが登場しています。私が命名した〝ポンポンショコラ〟もあります。収穫祭のときには、毎年英国のロイヤル・マリーンズ・バンドを招聘して演奏会を行っています。

350年の伝統がある英国女王陛下のロイヤル・マリーンズ・バンド（王立海軍軍楽隊）。

PART6 四季の豊かな表情

冬
Winter

　辺りがシーンと静まり返る冬。この雪の下には、チューリップやヒヤシンスなど、たくさんの球根が眠っています。木々には花芽をもっているものもあり、生きている植物の生命を感じます。赤いバラの実が太陽に照らされて光っている姿は宝石のよう。鳥たちの貴重な冬の食糧となります。

［上］女神像のあるレース・ガーデンからローズトンネルを見た雪景色。小枝や葉に雪が積もり、雪がつくるもうひとつの自然の造形に惹かれる。［下左・下右］　霜が降りた直後のバラ、ピーター・ビールスとザ・フェアリー。毎年、冬を迎えて最初に霜が降りた日の朝の数時間にしか見られない貴重な風景。

BARAKURA English Garden PART 7

バラクラ イングリッシュ ガーデン物語

日本初のイングリッシュガーデン誕生までのストーリー。
現在のバラクラでの楽しみ方やガーデン情報もお届けします。

イングリッシュガーデンの魅力をたたえた2013年初夏のガーデン風景。右ページ左上の写真とほぼ同じアングルで撮った写真。

「本物」をつくりたい

「バラ色の暮し」ブランドの服づくりを始めたのは1972年です。バラクラ イングリッシュ ガーデンの〝バラクラ〟はもともと、このブランド名をショートカットした言葉から名づけられました。

私は母とともに、ロマンティックでエレガント、上品で着やすい服づくりを目指していました。デザインの原点は、母が祖母に着せてもらった思い出のレース服。ヨーロッパから届いた、当時珍しかったものです。帽子のデザイナーだった父は、ものづくりの哲学として、素材の文化的背景を大事にしていました。家族でレース素材を求めてスイス、フランス、英国などヨーロッパを旅して回りました。英国で父の理想であったアーツ&クラフト運動のウィリアム・モリスの庭を訪ね、英国庭園にも心を奪われました。

日本で初めてのイングリッシュガーデンをつくろうと思い立ったのは、30年近く前のことです。庭づくりの過程において、父の教えは「本物をつくる」ことでした。そこでオリジナルのイングリッシュガーデンをつくろうと決意しました。

ところが造園の知識も技術もありません。弟が友人を介して英国大使館から英国王立園芸協会（RHS）を紹介され、何人ものガーデンデザイナーとロンドンで面接を行いました。でもこれぞという適任の人がなかなか見つからず、いったん帰国。そして2度目の渡英。その面接のいちばん最後に会ったのが世界的に活躍しているジョン・ブルックス氏で

[左]1990年、完成したばかりの庭。現在の広さは約1.3ha。
[上]1987年頃、造成前の敷地。中央にいるのは著者。

した。会った途端に「この人だ!」と直感。気さくで明るく好印象でした。彼の自宅の庭を見せてもらって帰国の途につきました。

難題、また難題が

　造園の当初は、ブルックス氏が描いた設計図をもとに、蓼科近辺の造園業者に作業を依頼する予定でした。ところが、どの業者もお手上げ状態。イングリッシュガーデンなど、ほとんどの人が見たことも聞いたこともないのですから。石工もガーデナーもイギリスから呼び寄せるしかありませんでした。弟がそれらを全部セッティングしたら、また、次なる難題が出現。今度は水問題でした。

　庭の植物には大量の水が必要です。ところが建物に引ける水道は口数が制限されているため、到底足りません。予定していたティールームのオープンも見送ることになってしまいました。そこで井戸を掘ることにしたのです。

　近隣の家々に事情を説明し、許可を求め、井戸を掘り始めたのですが、なかなか大きな水脈にたどり着きません。掘り続けて3か月が経過。やっと硬い岩盤を貫くことに成功し、勢いよく水が噴き上がったのです！　あのときのうれしさといったら、もう、家族やガーデナーたちと手に手を取り合って喜びました。

　検疫のことは55ページでも触れましたが、バラ以外の植物でも海外から国内に持ち込む場合は病害虫についての入念な検査が行われます。今ではいろいろな種苗が市場に出回っていますが、当初は日本での入手が難しかったので、イギリスから取り寄せた種を隔離栽培しなければなりませんでした。そのための用地をわざわざ求め、そこで生育したのです。農水省や厚生省（当時）とのやりとりを重ね、検疫官が来てOKを出すまで何と長く感じたことでしょう。

　1990年夏に庭園が完成。本物のイングリッシュガーデンをつくりたいという一心で、ようやくオープンにこぎ着けました。しかしその直後に父が他界しました。

ピーター・ビールスさんのこと

　バラの苗を買うにあたってはRHSからバラの神様といわれているグラハム・スチュアート・トマス氏を紹介されました。弟と氏のお宅を訪ねると、ピーター・ビールス氏とデビッド・オースチン氏を紹介してくださいました。そのお二人に会って、ピーター・ビールスさんのところからバラの苗を買わせてもらうことにしました。

　彼の農場にはオールドローズのたくさんのコレクションがありました。それにも増してバラを育てい

「バラ色の暮し」ブランドで人気のプリントになっているフリチラリア・メリアグリスは、バラクラのシンボルフラワー。春のガーデンに、つりがね状の花が下を向いて可憐に咲く。

バラの時期に毎年来日していたピーター・ビールス氏と、ローズトンネルの前で。

る人としてきちんとした知識があり、バラに対する愛情にあふれていることを感じ、人間的に立派な方という印象を受けました。

　その後、開園後も毎年、バラクラのフラワーショーに来日し、レクチャーをしてもらい、会うたびにますますそのお人柄の素晴らしさに感銘を受けていました。彼も来日をいつも楽しみにしてくれていましたが、悲しいことに2013年の3月に亡くなられました。偉大な功績を残された方でした。彼にはたくさんのことを教えていただきました。

ピーターさんの長女、アマンダさんが作出した「バラクラ」。ピーター・ビールス社とバラクラとの友好がいつまでも受け継がれていくようにという願いが込められている。愛らしく、丈夫なバラなので育てやすい。

「バラクラ」と「ミセス・ヤマダ」のバラの由来

　「バラクラ」という名前のバラ（左下とP96）があるのですが、ピーターさんが新しいバラができたときにイギリスから「このバラをバラクラと名づけました」と連絡をくださったのです。とても感激しました。思っていても口に出さず、出来上がったときに初めて明かす奥ゆかしさにも。

　「バラクラ」は長女のアマンダさんが作出したバラです。自分の世代から次世代へと受け継がれていくバラ。そしてバラクラとの友好も受け継がれていくようにという思いが込められているのです。ボニカとランブリング・レクターを掛け合わせたもので、つぼみのときはピンク、開くと白っぽく色が変化していき、とっても可愛らしいバラでしかも丈夫です。

　また彼とは「ミセス・ヤマダ」のバラ（P95）の思い出もあります。2002年にバラクラで見つけたヴァリエガータ・ディ・ボローニャ（P95）の突然変異。色がネガポジ関係にあり、それを見たピーターさんはびっくり。長くバラに携わっているけれど千載一遇の出来事だったようです。そばに立っていた母に向かって「これをミセス・ヤマダと名づけましょう」とおっ

しゃって、その後イギリスで登録をしたのでした。その後、母は2011年に亡くなりましたが、生前の母のようにとても元気なバラです。

バラクラから拡がっていく密かな楽しみ

　カフェ・テラスから階段を少し下りたところには、シャポー・ドゥ・ナポレオン（下）という、がくに苔むしたように棘や繊毛が生え、形がナポレオンの帽子に似ているところからその名前がつけられたバラを植えています。オベリスクを立て、そこにからませるように誘引しています。あるとき、ナポレオンの妃ジョゼフィーヌにちなんだバラ、エンプレス・ジョゼフィーヌ（下）を隣に植えてみました。〝ふたり〟を一緒にしようという遊び心です。そしてどういうわけか、エンプレス・ジョゼフィーヌのほうが、樹勢がいいのです。

　バラクラの入り口の階段を昇ったところには、ゴールデンアカシアが植えられています。すっかり大きく成長して、6月の初め頃には甘い花の香りが漂います。レモンライムの葉色で、太陽の光線を受けると黄金色に輝き、夏には涼しい日陰をつくってくれます。今ではバラクラのシンボルツリーとして人気が定着した感がありますが、植えた当初は日本に3本しかないもので、ここから日本各地に拡がっていっ

シャポー・ドゥ・ナポレオンは、がくに苔状の繊毛などが生えている。

一緒にさせたいと思って左のバラのそばに植えてみたのが、エンプレス・ジョゼフィーヌ。

ミセス・ヤマダは、ピーター・ビールス氏が来日していた時にバラクラの庭で偶然見つけて、命名してくれたバラ。

このヴァリエガータ・ディ・ボローニャが突然変異して、配色が反対になっている左のバラが生まれた。

BARAKURA English Garden　COLUMN

バランスのとれた培養土を選んで元気に咲かせましょう

バラや植物を元気に育てるには何よりもよい土を用いることが大切。必要な要素が過不足なく、バランスよく配合された培養土を選びましょう。バラクラで長年取り扱っていて定評のあるのは、英国直輸入のレビントンの培養土。バラ専用と全植物用があります。また、培養土のパイオニア、瀬戸ヶ原花苑とケイ山田が共同で開発した培養土も2014年春、発売に。バラ専用とガーデニング専用の2タイプがあります。

バラ専用50ℓ 4800円、ガーデニング専用70ℓ 5000円（ともに税抜）通信販売＆問い合わせ：バラクラ ガーデンセンター Tel 0266(71)5555
E-mail: gardencentre@barakura.net

バラ専用40ℓ 2880円、20ℓ 1480円、ガーデニング用40ℓ 2680円、20ℓ 1380円（いずれも税抜、メーカー希望小売価格、価格は未定。なお、ともに5ℓ 598円も有り）バラクラ イングリッシュ ガーデン及び全国の園芸店にて販売予定。問い合わせ（瀬戸ヶ原花苑：Tel 0277(73)4102

［左］ピンクのブラッシュ・ランブラーとニュー・ドーンが壁面を見事に彩って。［下］ホテルの建物の右奥に見えるのがゴールデンアカシア。玄関脇に植えられている。

ホテル ハイジ
〒391-0301
長野県茅野市蓼科高原1-1
Tel 0266(67)2001
Fax 0266(67)3453
http://www.hotelheidi.co.jp/

© Peter Beales Roses

ピーター・ビールス氏がチャールズ皇太子のために作出したバラ、ハイグローヴを案内している様子。

BARAKURA English Garden　COLUMN

低地におすすめのバラ BEST 8

Highgrove
ハイグローヴ
（モダン・クライマー）

チャールズ皇太子のプライベートガーデン、ハイグローヴのためにつくられたバラ。大輪の花でほのかな香り。ピーター・ビールス・ローゼズだけで（バラクラでも）買える。
2009年　240×90cm

TB P ★

Kazanlik
カザンリック
（ダマスク）

別名トリギンティペタラ。強健なバラ。暖かみのあるピンク色でソフトな質感の花弁。大変強い香り。ポプリに理想的。非常に古い品種。
作出年不明　150×120cm

R P ＋ ★

Comte de Chambord
コントゥ・ドゥ・シャンボール
（ポートランド）

丈夫な直立性のブッシュ。非常に香りのよいピンク系ライラック色の多弁で、平咲きの花が連続的に咲く。傑出した品種。
1860年　90×60cm

C TB P H ★

Ambassador Nogami
アンバサダー・ノガミ
（モダンシュラブ）

黄色から金色の八重咲きで香りのある花。直立性の樹。健康的なグリーンの葉。著者を介してピーター氏と交流が始まり、友人となった元駐英大使の名。
120×90cm

C TB ★

Fruhlingsgold
フリューリングスゴールド
（モダンシュラブ）

大輪の一重咲き。黄金色の花が棘のある高いブッシュに咲く。豊富に咲くが、繰り返しでは咲かない。
1951年　210×150cm

S W P H ＋ ★

Tuscany Superb
トゥスカニー・スパーブ
（ガリカ）

大輪で非常に濃い深紅の半八重咲きの花。目立つ黄金色の雄しべのまわりには、ビロードのような質感の花弁。強い香り。葉のよく茂る直立性の樹。
1848年以前　120×90cm

S TB P H ★

Barakura
バラクラ

ソフトなパステル調のピンク色でロゼット形の健康的なバラ。夏の間大きな房になって咲く。かすかな香りで、豊富なライトグリーンの葉。枝が密生して横に広がる樹。
1998年　60×120cm

C G ★

Celestial
セレスティアル
（アルバ）

別名セレスト。ソフトピンク色で半八重咲きの美しい花と、鉛色の葉とのコントラストがよい。古い品種で原種は不明。どんな庭園にもふさわしい。
180×120cm

S P ＋ ★

※欄下のマークはP60を参照してください。

た木なのです。

　バラクラより少し高地にある蓼科高原のホテル ハイジ（P95）にもこのゴールデンアカシアが植えられています。バラの季節にはホテル ハイジの建物に、バラクラから選んでいただいたブラッシュ・ランブラーとニュー・ドーンが見事に咲き誇ります。木もバラもバラクラから巣立った立派な子を見るようです。

　冒頭でも触れましたが、1980年代に「バラ色の暮し」で使う素材を求めてヨーロッパへ毎年、旅する中で、多くのイングリッシュガーデンに出会いました。その後は、バラクラの庭で咲く花々からインスピレーションを得て、今ではガーデンに咲く植物や景観をテーマに、300点以上のオリジナルプリントのテキスタイルが生み出されています。なかでもフリチラリア・メリアグリス（P93）の花を描いた柄は大ヒットし、バラクラのシンボルフラワーとなりました。Tシャツやポーチ、ハンカチ、トートバッグ、文具類など多くの商品となって生かされています。そしてフリチラリアの花も知れわたるようになり、認知度が高まってきました。今ではファッションと園芸はともに、私のライフワークとなっています。

寒さに耐えるバラ、低地におすすめのバラ

　バラクラのあるところは、標高1000ｍの高地で、したがってバラも東京や関西の平地と比べると1か月ぐらい開花が遅くなります。冬は大変厳しい寒さで、毎年零下18度にもなります。この寒さに耐えられなかったバラもあるのですが、枯れてしまったバラは、ピーターさんがおっしゃっていたように、「あきらめる」しかないのです。

　蓼科のバラクラの土地では、厳しい寒さがネックになって育つのは難しいけれど、平地ではよく育ってくれる美しいバラは、ピーター・ビールス・コレクションの中にたくさんあります。私はそんなバラをコンテナ・ガーデンに植えて楽しんでいます。左のバラ8種はそれを紹介したものです。

　また、実際バラクラに植栽してみて、よく育ってくれるバラ、強いバラなど、花つきのいいバラもリストアップしました（右）。バラの生垣も、見た目に美しく気持ちを豊かにしてくれるのでおすすめです。

BARAKURA English Garden COLUMN

バラクラで出会えるオールドローズおすすめ18種

この本で紹介しているバラクラのバラの中から、初心者でも育てやすいバラ、大変強くて寒さが厳しい環境でも見事に大きく成長して花つきのいいバラ、またオールドローズならではの特徴を生かして生垣におすすめのバラをリストアップしました。各ページを参照して、ぜひお気に入りを見つけて。

初心者向けのバラ

- ●ザ・フェアリー（P72・P91）
- ●ブラッシュ・ノアゼット（P62）
- ●ロズレー・ドゥ・ライ（P71）
- ●ルイーズ・オディエ（P69）
- ●エクセルサ（P63）

強いバラ

- ●キフツゲート（P42・P64）
- ●ブラッシュ・ランブラー（P8〜9・P22・P62）
- ●ロサ・モエジーアイ（P57・P58・P73）
- ●アルケミスト（P56・P61）
- ●ランブリング・レクター（P30・P59・P66）
- ●サー・ポール・スミス（P66）
- ●ヴァリエガータ・ディ・ボローニャ（P72・P94・P95）
- ●ミセス・ヤマダ（P70・P94・P95）
- ●マダム・ハーディー（P70）

生垣におすすめのバラ

- ●マダム・ハーディー（P70）
- ●ロズレー・ドゥ・ライ（P71）
- ●ピンク・グルーテンドースト（P70）
- ●トゥスカニー・スパーブ（P96）※
- ●コントゥ・ドゥ・シャンボール（P96）※
- ●ロサ・グラウカ（P73）

※高地にあるバラクラでは植栽されていませんが、購入は可

庭で作業中。フェミニンなプリントの帽子、手袋、エプロンも著者のデザイン。

アドバイザーとしての仕事も拡がって

蓼科にいるときは毎日、庭に出ています。朝は目が覚めるとすぐに庭に出て花の様子を見て回り、夕方も同じようにしています。庭では花がら摘みをしたり、新たな計画を思いついたり、写真を撮ったり、草取りもしょっちゅうしています。日中、雑草を取っていると、お客様から「あら、そんなこともするんですか？」と、驚かれることもあります。

チューリップなどの球根の植えつけやコンテナの植え替えなど、忙しいときは私もガーデナーたちと一緒に作業します。庭仕事は際限がありません。

バラクラの庭が一年でいちばん忙しいのは夏。お客様も多く来園し、また植物も咲き誇る時期ですから、夏は講演などで出かけるのは控えています。

私がデザインした公共の庭もいくつかありますが、新潟県見附市の「みつけイングリッシュガーデン」は私のデザイン・監修で2009年に開園しました。言うなればバラクラの妹版で、イングリッシュガーデンがこうして拡がっていくことに深い感慨を覚えます。多くの方が植物と触れ合い、景観を眺めたり、香りを楽しんだり、そして何も考えずにベンチに座って気持ちをリラックスさせて過ごすところ、そ

デザイン・監修した
新潟「みつけイングリッシュガーデン」は
2009年オープン

心地よい空間が拡がっている「みつけイングリッシュガーデン」。

見附市ナチュラルガーデンクラブの会員の皆さんに植栽指導を。

全国6か所で開催されている
「ケイ山田ガーデニングスクール」

スクールの顧問であり、英国を代表するテラコッタ作家のジム・キーリング氏と。

園芸研究家で英国文化勲章受章者のトレーシー・ウィルソン女史と。

英国のガーデン史などの理論と実践のレッスンで、一年に10回（毎月1回）の授業構成です。プログラムには英国から招聘された専門の講師陣も入っています。2014年からは東京から蓼科にツアーでも行けるようになり、また1回だけの参加も可能です。詳しくはバラクラへお問い合わせください。

れがイングリッシュガーデンの真髄です。

開園以来、毎年入場者がうなぎ上りに増えていると聞いて、何ともうれしく思います。見附市には年に4回、ガーデン・アドバイスや花の写真コンテストのときに審査員として行っていて、「みつけイングリッシュガーデン」の成長を見守っています。

全国6か所で開催されている「ケイ山田ガーデニングスクール」は蓼科が本校で、庭がいい教室となって学べます。英国からの専門講師陣も入っていて、専門的なレッスンをしているので興味のある方はぜひご参加ください。

でも、蓼科のバラクラをまだ訪れたことのない方はぜひ一度お越しください。この本で見られるようにオールドローズであふれる時期は、6月中旬から約1か月。ガーデンに一歩足を踏み入れた途端、オールドローズのふわぁっとしたいい香りに包まれて、何ともいい気持ち。朝、訪ねて来られて一日中、ずっとガーデンの中で過ごしていかれる方もいます。多くの方々が自分の好きなコーナーでゆったり過ごせるように、ベンチもたくさん配置しています。ご自分の好きなバラ、好きなコーナーを見つけて、ぜひガーデンでのひと時を楽しんでいただけたらと願っています。

BARAKURA English Garden インフォメーション

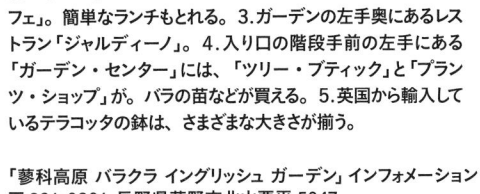

1. オープンエアになった「カフェ・テラス」。少し高台にあるので眺めもいい。2. 入り口のいちばん近くにある「バラクラ・カフェ」。簡単なランチもとれる。3. ガーデンの左手奥にあるレストラン「ジャルディーノ」。4. 入り口の階段手前の左手にある「ガーデン・センター」には、「ツリー・ブティック」と「プランツ・ショップ」が。バラの苗などが買える。5. 英国から輸入しているテラコッタの鉢は、さまざまな大きさが揃う。

「蓼科高原 バラクラ イングリッシュ ガーデン」インフォメーション
〒391-0301 長野県茅野市北山栗平 5047
TEL:0266 (77) 2019 FAX 0266 (77) 2819
開園時間：9:00~18:00 (4月〜10月)
　　　　　9:30~17:00 (11月〜3月)
年中無休 (冬期には休園期間があります)
http://www.barakura.co.jp

四季のイベントと代表的な花

バラクラでは一年を通してイベントが行われています。春から秋は、植栽されたたくさんの植物が季節ごとの花を咲かせたり木々が色づいて、イングリッシュガーデンの魅力を楽しめます。

	春	夏	秋	冬
イベント	4月 ガーデン・ウイークス 5月 ガーデン・プランツ・ショー パラダイス・ガーデン	6月 バラクラ・フラワー・ショー 7月 クラシック・ローズ・ウイークス	9月 オータム・ガーデン・ウイークス 10月 バラクラの収穫祭 11月 クリスマス・デコレーション	12月 バラクラのクリスマス・ウイーク
庭で楽しめる代表的な花と樹木	3月 クロッカス／チヨノドクサ／ハナニラ／エリカ／スノーフレーク／クリスマスローズ 4月 パンジー／フリチラリア／ヒナギク／ムスカリ／ジューンベリー／ティータ・テイト 5月 水仙／フリチラリア／モクレン／リンゴ／チューリップ／ルピナス／レンギョウ／デイジー／クレマチス・モンタナ／タイツリソウ／サクラ	6月 ジキタリス／アイリス／ブルーベル／レディスマントル／アリウム／ラバーナム／オールドローズ各種 7月 オールドローズ各種／ラヴェンダー／アナベル／カサブランカ／アーティチョーク／かすみ草／デルフィニウム／ゼラニウム／ヘメロカリス 8月 ルシアンパイン／ブッドレア／ベルガモット／クロコスミヤ／アカンサス／ムスクローズ／ペチュニア／ダリア	9月 ダリア (大輪、中輪、小輪) 各種／アスター／秀明菊／ルドベキア／ケイトウ／エキナセア 10月 トリカブト／秋咲きクロッカス／ダリア／コギク／ケイトウ／コルチカム／紅葉 11月 ガーデンシクラメン／紅葉する木々 (ブルーベリー／スモークツリー／ゴールデンアカシア／ジューンベリー／メイプルシロップ)	12月 クリスマスローズ／ローズ・ヒップ各種 1月 クリスマスローズ／雪の下から咲くヒース／(雪景色) 2月 スノードロップ／クリスマスローズ

BARAKURA English Garden PART 8

オールドローズについて、すべてお答えしましょう。

多くの方々から「オールドローズ」について聞かれます。そもそもオールドローズとは？といった素朴な質問から、育て方、剪定の仕方までさまざま。ここでまとめてわかりやすく説明しましょう。

Q1 オールドローズとはどんなバラのことですか？現代バラとの違いは？

A1 オールドローズはもともと野生種（原種）から栽培用に改良されたバラです。芳香があり、大きさなど変化に富み、多くは強健です。それに対して、現代バラ（モダンローズ）は香りがやや弱い傾向で、葉の色も一色の濃い緑色、フラワーショップで切り花として売られているバラのことです。

イギリスではオールドローズはモダンローズ以外の、ガーデンに植えるバラを総称して呼びます。その香りの豊かさや自然な美しい風情で、今は世界各国で愛されています。

しかし、バラの歴史をたどると（P102）、19世紀後半のモダンローズの誕生によって、一時は世界中がモダンローズ一色となっていました。

モダンローズの起源は、四季咲きで剣弁高芯、ハイブリッド・ティーの祖である「ラ・フランス」です。フランスでこのバラができたのは、ナポレオン妃ジョゼフィーヌの功績によるものでした。マルメゾンでコレクションしたバラの中に四季咲きのバラがあり、妃の死後この遺産を活用し、1867年、ギヨーによって作出されたのです。

大変な人気を博し、ヨーロッパ中に広まりました。それは当時描かれたマネなどの絵画にも表れています。現在も、フラワーショップで切り花としての役割を果たしていますが、花の色が違っても、すべて同じDNAを持っています。

こうしたモダンローズの誕生によって、オールドローズはバラの歴史から姿を消していたといっても過言ではありません。しかし、20世紀初めには英国で、ガートルード・ジェキルやペンバートンらが中心となり、ガーデンに植えるバラとしてつるバラなどを世界中から収集し、オールドローズ回帰の先鞭をつけました。それ以降、オールドローズがもつ芳香や自然で優雅な姿形などが、見直されることになったのです。

1867年に誕生のモダンローズ第1号、ラ・フランス。剣弁高芯咲きでピンク色。

オールドローズの系統図

系統図は、生育の特徴別に分類しました。系統がわかるとどのように生育するか、また色や香りの種類なども知ることができます。この分け方はピーター・ビールス氏の分類を参考にし、私自身が補足したものです。バラクラの庭にバラを植えるとき、これが頭に入っていると、どの場所に植えるのかが決めやすいのです。

シュラブ（株立ち性〈茂みになるバラ〉）

- ダマスク……… ローマ時代からのものもある。香りは濃厚でダマスク香と呼ばれ、ローズ・ウォーターの原料として知られる。強健種。
- アルバ……… 非常に古い系統で、病気にも強い品種。葉はグレーグリーンで豊富に茂り、樹形がよい。
- ブルボン……… 東西の文明をつないだインド洋上のブルボン島が起源。19世紀中頃に初めて登場。樹の性質、花の色はさまざま。特にヴィクトリア朝時代に人気があった。
- ブルーソー……… 棘は少なくアーチに適し、葉は淡い緑色から深い紫色まで珍しい色となり、秋には紅葉する。
- ガリカ……… 非常に古い品種で、豊富な葉をもちコンパクトな樹になる。花は一重から完全八重咲きまでさまざま。19世紀初めジョゼフィーヌ妃は150種以上収集。
- チャイナ……… 初めて登場したのは、19世紀中頃。開花が長いので多くの育種家が好み、19世紀にはたくさんの品種が作出された。光沢のある葉が特徴。
- ハイブリッド・パーペチュアル……… 19世紀中頃に登場し発展。最も人気のある品種。ほとんどが秋に返り咲き、コンパクトな樹形で花の形や香りもさまざま。
- ポートランド……… 洗練されたオールドローズ。ボーダーガーデンや生垣・寄せ植えに適している。連続咲き性で、育てやすい大きさ。
- センティフォリア……… 何世紀も前からある。〝百枚の花弁〟の意でシュラブになる。香りもよく大輪。
- モス……… 通常、センティフォリアを起源とする系統。つぼみや茎が苔のような毛で覆われている。香りがよく、花色もさまざま。
- ネイティブ・スピーシーズ……… 原種、野生種。通常、一季咲きで咲いた後に実をつける。
- ハイブリッド・ティー（古い品種）……… 古い品種は芳香性も良く、時の試練に耐えてきた。オールドローズの分類にも属する。

クライミング（つるバラ）

- クライミング・ブルボン……… 上記ブルボンと同じ。
- クライミング・ブルーソー……… 上記ブルーソーと同じ。
- クライミング・ティー……… 上記ハイブリッド・ティーと同じ。
- ノアゼット……… 19世紀前半、アメリカで生まれたバラ。ロサ・モスカータとオールドブラッシュなどを複雑に交配し、人名から名づけられた。
- ランブラー&スクランブラー……… つるバラで、大きな茂みとなってのぼっていく、枝が柔らかで生育旺盛なバラ。ランブラーは柱に、スクランブラーは木にのぼらせるのに適している。

コンパクト・ローズ（小さな樹形のバラ）／プロカムベント・ローズ（垂れ下がるバラ）

- プロカムベント・ローズ……… 這性種で、のぼるのではなく高い場所から下に下がるように枝が伸びる。
- コンパクト・フロリバンダ&ミニチュアローズ……… 樹が大きくならず、コンパクトな茂みとなり花も小さい。

Q2 オールドローズはイギリスでどのように人気を集めてきたのでしょう?

A2 1970年代にグラハム・スチュアート・トマスがプロデュースしたオールドローズの庭がブームのさきがけになりました。庭に植栽するためにオールドローズの人気が高まったのです。

オールドローズの復活を図ったのは、英国の園芸家グラハム・スチュアート・トマスです。庭を家のインテリアにたとえ、庭の中にバラをはじめとするさまざまな植物を配置して、その組み合わせを楽しむことを提案し、それをガーデン・ファニシングと呼びました。

ウォール・ガーデンやガーデンアクセサリーなどと、植物の形、大きさ、葉の色などを考慮して組み合わせることによって、ひとつの統一された美をつくろうとしたのです。彼が1972年にプロデュースしたモティスフォント・アビーのオールドローズの庭は、大変衝撃的でした。当時は世界中、モダンローズ全盛で、どこも（王立英国バラ協会のバラ園でさえも）新品種の現代バラを中心にした単調な庭だけでした。色の違うバラが並んでいましたが、現代バラはどれも同じDNAで姿形が似ているため、印象が変わらず同じような光景に見えたのです。

そんな流れを変え、オールドローズを再発見し、新鮮な魅力を引き出したのが、グラハム・スチュアート・トマスです。

その弟子の園芸家が、ピーター・ビールスとデビッド・オースチンの二人です。デビッド・オースチンは、主に一季咲きのオールドローズを四季咲きに改良したバラを作出しました。

一方、ピーター・ビールスは、世界中の古い庭を巡ってオールドローズを再発見し、絵画や時には文学からもそのバラを考察・分類しました。そして時の試練に耐える、特徴のあるバラをクラシックローズと呼んで、コレクションしたのです。

バラクラでは、そんなピーター・ビールスのコレクションの中から選んだオールドローズを植栽しています。

COLUMN バラの歴史

バラの栽培の歴史は古く、5000年にも及びます。その歴史についてざっと説明いたしましょう。（詳細に語ると、一冊の本になってしまいます！）

ギリシア史家たちの話にたびたび登場するバラは、数々のヨーロッパ種の原型であるロサ・ガリカだといわれています。〝薬剤師のバラ〟として知られるロサ・ガリカ・オフィシナリスは、極東原産種が伝来するまでは、ヨーロッパにおけるローズ・オイルと薬の主原料だったようです。

初期のキリスト教教会はバラを堕落の象徴として非難しました。この非難にはそれなりの理由があって、皇帝ネロの異常なまでのバラへの執着が、ローマ帝国の衰退を招く一因となったからです。暴君として悪名高いネロは無類のバラ好きで、しばしば宴を催して、そのたびにたくさんのバラを集め、客をバラのクッションに座らせたり、すべての客にローズ・ウォーターだけを使った風呂を供したりしたといわれています。当時、バラは権力者にとっては成功の象徴でもあったのです。

西暦400年には白いロサ・アルバがキリスト教教会によって、聖母マリアの紋章と定められました。

ダマスク・ローズはおそらく十字軍が持ち帰ったものでしょう。フランスでキャトル・セゾンとして知られるダマスクの一種、オータム・ダマスク（ヨーロッパにおいて毎夏ふたつのつぼみをつけた初めての種）は、15世紀末にはイギリスの庭園で生育されていました。

17世紀初頭には、オランダのバラ品種改良家が〝百枚の花びら〟という意味をもつ芳香性のあるロサ・センティフォリアを作出しました（マリー・アントワネットの肖像画で、彼女が手にしているバラもこの品種といわれています）。

バラの歴史上重要な出来事となるのが、四季咲き性をもつ中国原産のバラがヨーロッパに入ってきたことです。それまで一季咲きだけだったヨーロッパのバラに四季咲き性をもたらしたのです。

中国でのバラの歴史は数千年に及びますが、1780年代にオランダからヨーロッパに伝わり、しばらくしてお茶を蒸したような香りのするティーセントローズのバラが、お茶とともにヨー

Q3 イングリッシュローズという呼び名も聞きますが。

A3 デビッド・オースチンが作出したバラを指します。オールドローズの特質と四季咲き性の性質をもっています。

イギリスの育種家デビッド・オースチンが、1960年にオールドローズとモダンローズを掛け合わせて新たな品種を作り出しました。四季咲きに改良され、何十枚もの花びらを重ねた柔らかに抑えられた色合いと、オールドローズの優雅な花形や芳しい香りを備えた画期的なバラです。これはオールドローズと大輪や房咲きのモダンローズとの、まさに長い研究をかけた交配の賜物です。

その後、彼は自分の作出したバラをイングリッシュローズと登録したので、デビッド・オースチン作出のバラのことをイングリッシュローズといいます。イギリスで咲いているバラのことだと思っている人もいるようですが、そうではありません。

蓼科のプライベートの玄関に植えたコンスタンス・スプライ（P33）はイングリッシュローズです。

イングリッシュローズのコンスタンス・スプライ。1960年に作出されたバラで芳香性と華やかさがあり、人気が高い。

ロッパに運ばれてきました。このティーローズの出現が、当時のヨーロッパで革命ともいえるほどの人気を博したのでした。

そしてもうひとつ、バラの歴史上、偉大な貢献を果たしたのがナポレオン1世の皇妃ジョゼフィーヌです。19世紀初めに、住んでいたパリ郊外のマルメゾンの館の庭園に世界各地から250種以上のバラを集めました。多くの園芸家を抱え、バラを交配させ、園芸・観賞用としてのバラの礎を築いたのです。

このとき（1805年）、アンドレ・デュポンによって人工交配の育種が成功、確立しました（これ以前は自然交配に頼っていたので、なかなか新種が増えませんでした）。同時にジョゼフィーヌは、お抱えの画家ルドゥーテにバラの細密画を描かせました。

ジョゼフィーヌが亡くなってからも、マルメゾンの庭園は維持され、デュポンやルドゥーテらの活躍が続きました。バラの新種も次々と誕生することになりました。

そんな時代背景の中で生まれたのが「ラ・フランス」です。四季咲き性、剣弁高芯咲き、大輪の中国原産系のバラを交配したハイブリッド・ティー・ローズです。1867年にフランスのギヨーによって作出され、優雅な美しさをもち、寒さにも強く、大きく生長しすぎず、庭にふさわしい品種として注目されました。これがモダンローズ（現代バラ）第1号として、バラ史上エポック・メイキングなバラとなりました。ここからモダンローズが始まったとされています。

ジョゼフィーヌの時代を挟んで、18世紀から20世紀にかけては東西の交易が盛んになり、たくさんのバラがヨーロッパにもたらされました。育種家たちによって交配され、数々のオールドローズもつくられてきました。長い時を超え、受け継がれてきたオールドローズは今日も咲き続け、人気を集めています。

現代バラは「ラ・フランス」の誕生以来、ハイブリッド・ティーという雑種の掛け合わせを今に至るまで長い間、繰り返し行ってきました。その結果、本来もっていた香りが失せ、自然に受粉する力も衰えました。しかし一年中生産が可能になり、安定した供給によって切り花として不動の人気を誇っています。

現代では、オールドローズとモダンローズはそれぞれの特徴と人気を維持しながら共存しています。

Q4 育種家とはどういう仕事をする人ですか?

A4 バラ苗を育て、ブリーディングという新しい品種をつくって育てることが主な仕事です。

作出家ともいい、世界中にいて、日本にも活躍している方がいます。ピーター・ビールスさんはそんな育種家の中でも傑出した方です。

バラの新種は育種家の手により、毎年新たなものが生まれています。ただ、それが生き延びていくかどうか、多くの人に愛されて世代を超えて受け継がれていくかどうかとなると、何万分の一という確率になるでしょう。

そういった中で今も見られるのがオールドローズです。モダンローズでもいいバラは生き延びていって、やがてクラシックになるでしょう。そう考えるとバラも音楽も同じですね。

ピーターさんは長い間愛され続けてきたバラを総称して、クラシックローズと呼んでいます。

Q5 香りのよいバラには虫がつきやすいと聞きますが、本当ですか?

A5 香りの強弱にかかわらず虫はつきますが、バラにとって必要な虫と害虫がいます。

特に香りのよいバラだから虫がつきやすいということではありません。

バラの自然循環のめぐりのなかでは、香りを発して蜂や蝶などの虫をよびます。虫が花粉を運び、受粉することによって実ができ、種ができ、次の芽を出す、つまり子孫を残すためなのです。

一方、害虫がついたときは手で取り除き、アブラムシなどは中性洗剤をシャボン玉液ぐらいに薄めてスプレーするなどし、あまり強い薬剤を使いすぎないようにして手入れしてください(P110)。

モダンローズは人間がつくり出したものなので、ある程度手をかけてやらなければいけませんが、オールドローズはあまり神経質にならずに育ててください。もともと樹勢が強いので、病気や虫に対抗性があります。

よい香りに誘われ、蝶や蜂が蜜を吸いにやってくる。自然界で共存する姿。

PART8 オールドローズ Q&A

Q6 バラの実は食べられるのですか？楽しみ方を教えてください。

A6 どれも食べられます。

よく質問されることですが、答えは大丈夫、食べられるんですよ。

砕いてお茶にしたり、ジャムにしたりできます。バラの実はビタミンCをたくさん含んでいるので、美容や疲労回復に効果があります。大変香りのよいものもあるので、お酒に漬けて香りを移して楽しむこともできます。

またロサ・エグランテリア（P57・58）は、イギリスでは垣根に使われており、秋の実はとても美しくたわわになります。昔から風邪薬として使われていました。

ロサ・ルゴサ（和名ハマナス）のローズ・ヒップ。ミニトマトのように大きくまっ赤になる（P58）。

Q7 一季咲き、四季咲き、連続咲きの違いは何ですか？

A7 一季咲きは年に1度だけしか咲かないバラのことです。

オールドのローズの多くは一季咲きです。

四季咲きは一度咲いたバラが、季節が変わるとまた咲くこと。連続咲きは長い時季にわたって咲くことを指します。

Q8 苗木を買うときのポイントは？

A8 バラの性質が強健種で、しっかりとした茎、枝の樹形のよいものを選んでください。

苗選びは、バラを育てようとするときの最初のお楽しみですね。よい花を咲かせるためには、茎がしっかりしていて、枝ぶりのよい樹形の苗かどうか見極めることが大切です。

Q9 ポット苗とはだか苗のそれぞれの植え方のポイントは?

A9 ポット苗はいつ植えてもOK。
はだか苗は梅の咲く頃に、大きな穴を掘って植えます。

土のついているポット苗はいつ植え替えても大丈夫です。新苗はまだ十分に根が張っていないので、土がこぼれ落ちないように植えつけます。

真夏に植え替えるときは水やりに注意が必要で、水をやりすぎると土の中の栄養が流れていってしまいます。

初夏になるとたくさんの品種のポット苗が店頭に出回ります。バラが咲いている状態を見て選べるという利点がありますね。

花も土もついていないはだか苗の場合は、あらかじめこれが欲しいと自分の希望をしっかり決めておかなければなりません。一般的には根が休眠している冬に売り出されます。バラクラでははだか苗は、通信販売でのみ扱っています。9月までに予約してください。

鉢植えなら最初からある程度大きい鉢で深さのあるものを選ぶこと。いい土を選ぶことも大切です。そうすれば苗が大きくなっても鉢や土を替える必要はありません。徐々に鉢を大きくするのが大変という人がよくいますが、最初から大きくて深さのある(40cm以上)鉢を選べば大丈夫です。

はだか苗の地植えは、以下の手順で。

①はだか苗を植える時季は梅の花が咲く頃がおすすめです。根が成長を始めるのは、地面の温度と関係しているからです。
②悠々と根を伸ばせるように深い穴(60cm以上)を掘り、根が育つように肥料をたっぷりと、骨粉をひと握り、穴の底にまきます。
③苗木の周りの土にさらに骨粉を足して、ゆっくりとバラの周りの穴を埋めていきます。
④苗木の根元あたりを優しく踏みつけて、土を固めすぎない程度にバラをしっかり固定させます。はだか苗は親木(台木)に接木してあるので、根元にあるその接ぎ目が完全に埋まっているかを確認してください。接ぎ目が外に出ていると、親木が成長してしまいます。もしも親木のほうの芽が出てきてしまったら、速やかにむしり取ります。

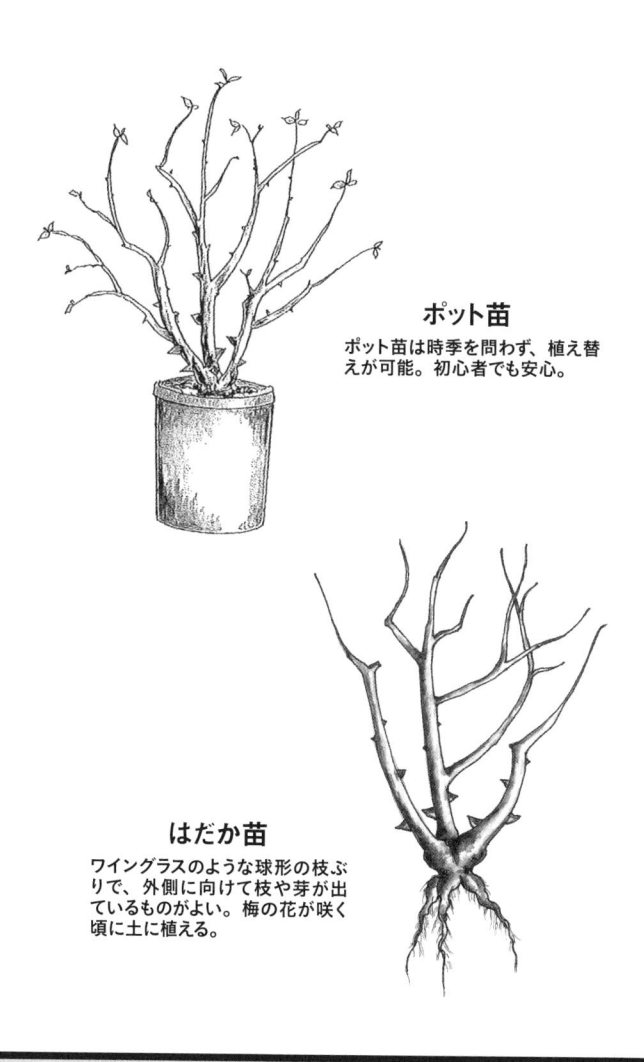

ポット苗
ポット苗は時季を問わず、植え替えが可能。初心者でも安心。

はだか苗
ワイングラスのような球形の枝ぶりで、外側に向けて枝や芽が出ているものがよい。梅の花が咲く頃に土に植える。

Q10 オールドローズの年間の手入れの流れは?

A10 芽が出たとき、葉が出たとき、花が終わったとき、梅の咲く時季に手入れをします。

●〔芽が出てきた頃〕

根に栄養を行き渡らせるために、カリウム(K)を多く含んだ肥料を施します。

●〔葉が出てきた頃〕

今度は花をよく咲かせるための栄養として、リン酸(P)を多く含んだ肥料を与えます。そうすると、葉のつきがとてもよくなって葉の色もよくなります。葉が茂れば光合成によって、根に栄養が行き、花をよく咲かせます。バラは葉がとても大事です。

●〔花が咲いた後〕

四季咲きのバラは花がらを摘みますが、オールドローズや原種系のバラで実を楽しむためには花がらを残します。

●〔秋、花が終わったら〕

お礼肥(追肥)を施します(一季咲きのオールドローズに限らず、四季咲きのバラの場合も同じです)。

●〔冬を越し、梅が咲く時季になったら〕

剪定をします。オールドローズの場合は、品種によっては、それほど強い剪定をしなくてよいものもありますが、樹形をよく見て形を美しく整えたり、こんもりとした形にしたいときには、そのように剪定をしてください。

パーゴラの誘引や剪定は脚立に乗っての作業。ヘッド・ガーデナーのアンディと。彼はイギリスから日本に来て19年。

Q11 オールドローズの剪定はどうやってするのですか？

A11 梅の咲く頃が、剪定の時季です。
新しく植えたバラの最初の年には強剪定をします。

オールドローズの剪定について難しいルールがあるわけではありません。新しく植えたバラはしっかりと根を張らせることです。これが発育初期の良好な成長を促すことになります。次の年からは、自分がどのように仕立てたいか、そのイメージに沿って剪定します。

剪定とは、枯れた枝や株を切り取って茂みの樹形を整え、中央部まで日を当て、風通しをよくして、バラの健康を保つための作業です。日当たりや風通しが悪いと、抵抗力がなくなり、虫や病気の被害を受けやすくなります。清潔でよく切れる剪定バサミと、手を守って作業を楽にしてくれる厚手の園芸用（革）手袋を用意しましょう。

前々から植えてあるバラの樹の剪定は、休眠から覚め始める春先がいいでしょう。ちょうど梅が咲く時季と覚えておいてください。冬に入ってから剪定すると、その部分の枝が枯れてしまうことになりかねません。でも、ブッシュの形が歪んだり、不規則に拡がった状態になっていたら、数週間は霜の降りる心配がないときを選んで枝を整えれば、それほどの被害はないでしょう。

ランブラーの場合は、夏によく成長するので秋に弱剪定が必要です。花が終わったら古い枝を切ってやると、翌年新しい枝に花がつきます。

クライマーもあまり拡がりすぎていたら、枝先を刈り込んでやる必要があります。強風が原因で、バラが育たないことがよくあります。風で絶えずあちこち揺すられているうちに、根がゆるんでしまったり傷ついてしまうのです。秋に剪定して、長くて不格好な枝を切り戻し、壁に麻ひもで固定します。根元がゆるんでいたらよい土を足して、踏みしめてください。

ハイブリッドやハイブリッド・パーペチュアル種は冬に強剪定します。土壌が湿っているときに軽くすきを入れて、追肥としてバランスのよい肥料を与えるとよいでしょう。

剪定前
枝が交差したり、からみ合っていたら、弱剪定するとよい。

弱剪定後
交差している枝やからみ合っている枝を取り除いた様子。

強剪定後
新しく植えたバラは強剪定する。根がしっかりと育ちやすくなる。

PART8 オールドローズQ&A

Q12 家の外壁にバラを這わせたいのですが。

A12 まず、イメージを決めましょう。
「オールドローズの用途と花色分類表」（P80）をぜひ、参考に。

つるバラ（クライマー、ランブラー、スクランブラー）を選んでください。その場所にどういうふうにバラを咲かせたいのか、例えばバラの咲き方も、一つずつポッ、ポッと咲いていくタイプや、房咲きになって壁一面を覆うように咲くタイプがあるので、それによってバラの種類の選び方が異なってきます。

大輪種だけでなく、小輪種でもそれが一面になると見事なマスのカラー（色）になります。「オールドローズの用途と花色分類表」が参考になります。枝の長さが30mになるものもあるので、「バラ図鑑」（P60～）で性質をよく調べて選ぶことも大切です。

写真右手のトレリスを外壁に取りつけて、枝を固定させるときれいに見える。

Q13 鉢植えに適しているバラは何ですか？

A13 鉢の大きさを選べば、どんなバラでも植えられます。

鉢の大きさによって、どんなバラでも植えることができます。もしつるバラを大きく繁茂するように植えたいのなら、ある程度大きな鉢を選んでください。

マンション住まいで土のない場所、あるいは玄関など三和土になっているところにバラを置きたい場合でも、鉢の大きさを選べば、つるバラを壁に這わせることができます。

鉢は、最低でも40cmの深さがあるものがおすすめです。バラの根は縦に伸びていくので、バラの成長には深さのある鉢のほうがいいのです。

小さな鉢のまま育てたいなら、コンパクトな樹形の「パティオローズ」という種類のバラの中から選ぶといいでしょう。小さな庭にふさわしいバラのことで、鉢に適しています。樹の大きさがだいたい1m以内のものをいいます。

深さのある鉢に植えたつるバラ、ロング・ジョン・シルバー。オベリスクにからませて。コンパニオンプランツを根元に。

109

Q14 水やりのポイントは？

A14 地植えの場合はそのまま、鉢植えには表面の土が乾いたらたっぷりと。

地植えでしっかり根づいていたら、基本的には夏も冬も水を与えなくて大丈夫です。

植木鉢やプランターに植えている場合は、基本的に土を触って乾いていたら水を与えます。鉢の深さによっても違いますが、夏の日差しが強いときは、表面の土が乾いたら水やりをします。朝夕または、朝昼夕と3回やってもかまいません。ただ、夏でも曇りの日だったら1回、夕方に水やりしてください。夜の間に水がゆっくりと根に浸透するからです。冬は3日に1度ぐらい。むしろ与えすぎないように気をつけてください。

水やりは、葉に水がかからないように根元にたっぷりあげます。

Q15 バラの病気と害虫対策は？

A15 早期発見が大切。害虫は見つけ次第取り除いて。薬剤散布は早朝や夕方に。

バラの品種によって病気になりやすいバラと丈夫なバラがあります。買うときにそれを確かめて選ぶのもいいでしょう。専門店で買うときにアドバイスを受けるとか、知識のある人に尋ねるか、あるいは本などであらかじめ調べておいて、自分の好きな品種がどういう病気に弱いのかを知っておきましょう。

また、植える場所によっても病気になりやすく、じめじめしたところや風通しの悪い場所だと、うどんこ病にかかりやすくなります。ただ、葉が枯れてきたので病気になってしまったのかしらと相談を受けることがよくありますが、水をやりすぎて根腐れを起こしている場合も多くあります。

バラの代表的病害虫はうどんこ病、黒点病、カイガラムシです。害虫については見つけ次第取り除くしかありません。薬剤を使うと今度は虫のほうに抵抗力がついてしまいます。困ったものです。

うどんこ病は葉に白い粉を振りかけた症状が出ます。対処法としては専門薬の散布が効果的。黒点病は葉の表面に黒いシミができ、落葉します。感染した葉は取り除いて焼くことです。

カイガラムシは枝に寄生して樹液を吸う虫で、薬剤は効きません。ブラシで枝からこすり落としてください。アブラムシは中性洗剤をスプレーして退治します。

一番の困りものはコガネムシで、花からつぼみ、葉まで全部食べてしまいます。見つけたら手袋で防御して、つまんで取り除いてください。

アリも甘いものを求めてやってきます。シャボン玉液ほどの濃度の中性洗剤をシュッ、シュッとふりかけます。

株元に巣食うのがカミキリムシです。いちばん太いおいしいところにズブッと入ってしまうのです。上のほうはきれいに咲いているので、下のほうにいるカミキリムシに気づかないでいると、花がしおれ、葉っぱもしおれてきて初めて気づくことがあります。できるだけ早く発見して、スプレー式の殺虫剤をカミキリムシの入り込んだ穴の中にシュッとひと吹きします。

害虫に対して強い化学薬剤を使う人が多いようですが、耐性ができてしまい、エスカレートしてさらに強いものでないと効かなくなってしまいます。強い薬剤は人間の体にかかると害が生じるので、使うときはマスクや手袋を必ず身につけ、日中を避けて人の少ない早朝や夕方を選んで作業するのがいいでしょう。地植えでも鉢植えの場合でも同じです。

Q16 イギリスの庭園でおすすめはどこですか?

A16 おすすめしたい庭園はたくさんありますが、特にといえば「モティスフォント・アビー・ガーデン」「キフツゲート・コート・ガーデン」「ヒドコート・マナー・ガーデン」「シシングハースト・キャッスル・ガーデン」などです。

「モティスフォント・アビー・ガーデン(Mottisfont Abbey Garden)」には、グラハム・トマスが設計したバラ園があり、彼が長い年月をかけてコレクションした1900年以前のオールドローズが多く集められています。その名が示すように修道院だったところ。350種以上のバラが初夏に咲き乱れ、オールドローズ・ファン必見の庭園です。

「キフツゲート・コート・ガーデン(Kiftsgate Court Gardens)」は、キフツゲートという名のオールドローズ由来の庭園です。1940年代にここを訪れたグラハム・トマスによって見いだされたバラです。ガーデンは、女性3代にわたって守られています。

「ヒドコート・マナー・ガーデン(Hidcote Manor Garden)」は、「キフツゲート・コート・ガーデン」の近隣にあり、1907年から長い年月をかけてつくられた庭園です。ホワイトガーデン、オールドガーデン、レッドボーダーなどと名づけたガーデンルームに仕切られています。

「シシングハースト・キャッスル・ガーデン(Sissinghurst Castle Garden)」は、1930年代に作られた庭園。エリザベスⅠ世も宿泊した館があり、庭園はホワイトガーデン、暖色系の花が植えられたコテージガーデンなどがあります。特に、ホワイトガーデンは素晴らしい場所です。つくったヴィタの感性が現在もナショナルトラストによって守られています。

「シシングハースト・キャッスル・ガーデン」。ヴィタ・サックヴィル・ウエストが夫のハロルド・ニコルソンとともにつくり上げた庭園。英国で最も美しい庭のひとつといわれている。

「ヒドコート・マナー・ガーデン」。アメリカ人のローレンス・ジョンストンが1907年から長い年月をかけてつくった庭。広大な敷地を部屋のように仕切り、その後の他の庭に大きな影響を与えた。

あとがき

バラは咲いたときに素晴らしい景観となって、私たちに喜びを与えてくれます。時には棘と戦い、虫や病気に心を痛め、冬の季節を耐え忍び、そして一気に花開いたときの嬉しさは、すべての苦労を忘れさせてくれます。まるで人生のようでもあります。

〝バラとともに生きた人〟ピーター・ビールス氏が亡くなられたのは、この本を制作中の2013年3月のことでした。まさにバラのような生きざまであったと思います。私は氏から多くのことを学び、影響を受けました。誠実なお人柄、深い知識、バラを愛する大きな心。氏の言葉で忘れられないのは、「バラとは何か?」と問われて、「バラは音楽であり、バレエであり、絵画のようなものです」と答えられたことでした。また常に言われていたのは、「バラはリラックスして育てなさい」ということでした。奥の深い素晴らしい言葉だと思います。これらは氏の信条でもありました。この本ではピーター・ビールス社から許諾をいただき、バラの系図や図鑑などを引用させていただきました。

弟の山田裕人もまたビールス氏を敬愛する一人でありますが、ともに今までのご恩に心から感謝を込めて、この場を借りてご冥福をお祈りしたいと思います。

またこの本をつくるにあたり、お世話になった集英社の宇居直美さん、ライターの後藤綺子さん、素晴らしい写真を撮ってくださった斉藤亢さん、アートディレクターの飯田淳さん、デザイナーの森谷知弘さん、本当にありがとうございました。そしてバラクラスタッフの大嶽輝二さん、唐澤千賀子さん、アンディにもお礼を申します。

ケイ山田

BARAKURA English Garden
ケイ山田のオールドローズあふれる庭づくり

2014年3月10日　第1刷発行

著者　　ケイ山田
発行者　石渡孝子
発行所　株式会社　集英社
　　　　〒101-8050　東京都千代田区一ツ橋2-5-10
電話　　編集部　03(3230)6205
　　　　販売部　03(3230)6393
　　　　読者係　03(3230)6080
印刷　　日本写真印刷株式会社
製本　　共同製本株式会社

定価はカバーに表示してあります。
造本には十分注意しておりますが、乱丁・落丁(本のページ順序の間違いや抜け落ち)の場合は、お取り替えいたします。購入された書店名を明記して、小社読者係宛にお送りください。送料は小社負担でお取り替えいたします。ただし、古書店で購入されたものについては、お取り替えできません。
本書の一部あるいは全部を無断で複写・複製することは、法律で認められた場合を除き、著作権の侵害となります。また、業者など、読者本人以外による本書のデジタル化は、いかなる場合でも一切認められませんので、ご注意ください。

©Shueisha 2014, Printed in Japan
ISBN978-4-08-780691-5 C2076

撮影 Photographer
斉藤亢　KOO SAITO

アートディレクション Art Direction
飯田淳　JUN IIDA (SHOWERS)

デザイン Design
森谷知弘　TOMOHIRO MORITANI (SHOWERS)

イラスト Illustrations
飯田淳　JUN IIDA (SHOWERS)　[P39、P76]
大嶽輝二　TERUJI OTAKE　[P78、P106、P108]

企画・取材 Editing
後藤綺子　AYAKO GOTO

協力・写真提供 Special thanks
蓼科高原 バラクラ イングリッシュ ガーデン
The Peter Beales Collection

参考文献
『英国流バラのある暮らし』ジリー・ラブ著
ケイ山田 監訳 (メディアファクトリー)